知性だけが武器である

「読む」から始める
大人の勉強術

shiratori haruhiko
白取春彦

祥伝社

知性だけが武器である

「読む」から始める大人の勉強術

まえがき

本書は、これからなんらかの勉強をしようと意欲する大人のために書かれたものである。受験を控《ひか》えている生徒や学生を対象とはしていない。

本書が大人を対象とするのは、大人はそれなりの覚悟をしてから勉強を始めるからである。一方、たいていの学生はまじめに勉強などしていない。なぜなら、多くの学生は学業を将来の就職へのプロセスの処理と考えているからだ。

彼らは要領よく学業というプロセスを処理したいだけである。その意味で勉強が当座の手段になっている。だから彼らは勉強を通じて自分が変貌していくことがほぼない。よって知性的な人間にすらなれないのだ。何事もそうだが、本気でやらなければ身につかないし、自分自身も生き方も変わることはない。

誤解のないように言い添えておかなければならないが、知性的な人間になることが偉いというわけではない。しかし知性的でなければ生きにくいのは確かだ。**なぜなら、人間という奇妙な二足歩行動物の自己保存の唯一の武器は知性だからだ。**

たとえば、自由に使える語彙《ごい》数が五百しかない人と、語彙数が五千以上ある人のどちらが表現力と伝達力にすぐれているだろうか。いうまでもないだろう。

表現力と伝達力が弱ければ、相手から理解される度合いが俄然《がぜん》と少なくなる。生きるうえでこれは相当に不利なことだ。

また、語彙を五千以上持つ人は五百くらいしか持っていない人よりも、語彙の組み合わせ数がはるかに大きい。これは発想の豊かさにそのままつながるし、さまざまな意味で窮《きゅう》地《ち》を脱するときの方法の見出《みいだ》しやすさにも直結する。

語彙数は辞書を読んで機械的に増やすこともできるが、それでは自由に使える語彙にならない。もっともスムースに語彙を増やすなら、本を読み、そこで見つけた言い回しや表現を自分のものとして話したり書いたりすることだ。

そういうことを日常的に行なうと、きのうまでの自分ではなくなる。自分が変わっていくからだ。自分が変われば、周囲も変わる。その意味で、どういう形であれ**勉強することは自分の運命の可能性を広く太くすることなのだ。**

オタク的な内向型の勉強でない限り、どんな勉強をしたとしても人は教養の厚みを増して以前より高い生き方へと変わっていく。すると、人生はより味わい深く意味のあるものになる。そればかりか、勉強しなかったときよりもはるかに広い自由を感じることができるようになるだろう。

本書でも触れてあるが、わたし自身は学校での勉強が苦手だった。さえない格好をした教師たちの不機嫌さ。言動の矛盾。解答へのパターンを教えるだけの授業のつまらなさ。授業では数多くの名著のタイトルが述べられるのに、教師自身がそれらをまったく読んでいないのは明らかだった。要するに、わたしは教育システムにぶらさがっている連中のフェイクを嫌悪していたのだ。

勉強らしいこともせずに大学に進んだが、授業には半年で数度しか出なかった。飲酒とビリヤードと読書に明け暮れ、二年目からは飲酒をやめて放課後は日本語をいっさい使わない語学学校に通った。日本で受けることができるドイツ語の試験のすべてに受かったので、就職して通勤電車に乗る気などさらさらなかったわたしはベルリンの大学の試験を受けて哲学部に入った。そして三十一歳のときに日本に帰ってきた。

何かをしなければ家賃も払えないことに気づいたので、翻訳の真似事《まねごと》をほんの少ししてから縁があって本を書くことになった。**このときに役立ったのは学校で教えられたことで**

はなく、わたしがふだんからしている勉強だった。ふだんからしている勉強とは特別なものではない。宗教書から世界文学、量子力学まで、かなり広い分野の本を読むことだ。仕事として宗教や哲学関連の本を書いたが、鳳《おおとり》 春《はる》紀《き》という名では長篇官能小説を一八冊書き、今の本名で現代小説と時代小説の短篇を九つほど書いて文芸雑誌に載せてもらった。その後はまた哲学関連の本を書くことが多くなった。

書いてばかりいるように見えるかもしれないが、その合間に本を読み調査をしている。二つの書斎も寝室も廊下も本だらけだ。三つのトイレと浴室とたくさんのクローゼットにだけ本がない。しかし自分では読書家だとは思わない。知りたいためだけに読んでいるからだ。

そして本心から言うが、自分になんらかの知識があるとは思えない。

その程度でしかない自分を差し置いて言うが、最近の人はあまりまともな本を読んでいない印象を受ける。勉強などは大学卒業の時点で終わったものとして、自分の勉強すらしていないように見える。それは栄養を摂《と》らないことと同じだから、結局はあらゆる意味で人生が貧弱になることではないだろうか。

わたしにはそういう人々の会話がアニメ「ピーピング・ライフ」のキャラクターたちが

話しているように聞こえるのだ。ジャクソン・ポロックの絵画の描線のようでもあるが、要するにとりとめがない。反応するだけの言葉の片鱗《へんりん》の応酬《おうしゅう》だ。話題の発展や終結が見えない。自分で勉強している人ならば、そういう話し方はしないはずだろう。

現代人は享楽に慣れすぎているのかもしれない。享楽とはいつわりの楽しみだ。享楽は料金を支払ってのみ受けることができる供応だから、必ず時間制限がある。この商業的享楽はテーマパークから疑似恋愛や性交、ゲームまで幅が広い。多くの人はそういう享楽しか知らないのではないのか。**楽しみとは誰かから与えられるものだと勘違いしているのではないのだろうか**。

そんな批判をするのも、自分から始める勉強は本物の楽しみの一つだと確信するからだ。もちろん、勉強をする楽しさにはしんどさも混じっている。しかし、その勉強は課せられたものではなく自分から積極的に挑《いど》むものだから、総じて楽しく充実感をともなうものなのである。そして結果として、これまでの自分ではなくなり変身を続けていくという冒険がそこにあるのだ。これほど魅惑的なことは他にないではないか。

たとえば、広いキッチンにあらゆる料理器具と世界の豊富な食材が用意されている場面を想像してみてほしい。勉強をしないでいるということは、これらを使っておいしい料理一皿すらつくれないということとまったく同じなのだ。

だから、勉強という言葉を聞いても性格の悪い教師のマンネリな授業の日々を思い出すのではなく、**自分にだけ開かれるチャンスの誘《さそ》いの手**だと思ってほしい。そして自分なりのスタイルで、自分の好きな事柄から勉強を始めてほしい。

そのときに本書は必ず役立つだろうし、あなたの背中を熱く押し続けるであろう。

二〇一六年三月

白取春彦《しらとりはるひこ》

目次

第3章 静かな場からの生産、時間を増やす技術

装丁　水戸部功
本文イラスト　須山奈津希

第1章

「読む」から始まる勉強術

考え、理解し、疑う技術

「考える」は「読む」から始まる

読むことは積極的な行為である

一人で勉強するにしても研究するにしても、それらの作業の中でもっとも時間を使っていることは何か。

「考える」ことではない。「読む」ことだ。

この読むことは、考えることに比べたら簡単なことと思われている。しかし、「考える」ことができるためには考える材料がなければならない。

その重要な材料の一つとして本がある。考えるためには何かを読み、読みとった事柄からの刺戟《しげき》がなければならない。刺戟なくして自発的に考えることはほぼ不可能だ。

十八世紀の代表的哲学者であるあのイマヌエル・カントにしても、「考え方には人間特有の癖がある」と主張するヒュームの懐疑主義哲学を読んだこと、霊界とこの世を行き来すると主張する商人スェデンボリの本を読んだことによって刺戟を受け、主著となる『純粋理性批判』を書いたのだった。

読むことは受け身のように思われがちだ。しかし、誰かに質問することよりもずっと強い気力が必要だし、積極的な行為だ。もちろん、娯楽や実用本ではない本を読む場合ではあるが。

本を読み理解するために必要なものは、まず何かをそこから摑《つか》みとろうとする姿勢だ。

だから、いつも安易に世間に流されて生きているような人は本を読まない。本を読まないのだから考える練習もできない。だから考えなくなり、日々の判断や態度はすべて従来の慣習のくり返しと人真似《ひとまね》という生き方になる。

そういう人は案外と少なくない。人真似していながらも一方では何事もマニュアルやハウツーで対処できるはずだと誤解している。マニュアルやハウツーは機器の取り扱いにのみ有効なものであり、人間が関わる事柄には通用しないのだが。

当然ながら、読書にもハウツーなどない。

本を読むことについてこれがベストだというハウツーはありえるはずもないが、それでも他人の読書の仕方は参考になるだろう。というのは、人は誰しも根底においては似たようなものだし、習熟した人のやっている方法が自分のやっている方法に磨きをかけるヒントにもなるからだ。

だからといって、他人のやり方を知っておけば自分の読書意欲が倍増するというわけではない。読書についての他人のやり方は読書の周辺のことについてであり、読書の中心についてては誰も関与できないからである。読書の中心とはもちろん、自分自身が本を読む行為のことだ。

したがって、どうすればこの自分自身が本を読むことができるのかという問いには誰も答えることができない。本を読むかどうかはひとえにその人の意志だからだ。腹が減れば飯を食うだろうが、それは食欲が生存のための欲求だからである。本を読むのは人に備わった生存欲求ではない。

他人の表情や行動から内部を読みとるように、本からも「読みとる」

読書は生存欲求そのものではないが、脳の飢《う》えを充《み》たすという意味では生存欲求に近いものがあるだろう。脳の一部は考えるためにあるからだ。脳が生まれつき論理的な文法を備えているのは言葉や文章を咀嚼《そしやく》するためでなくて何であろう。

ところで昔はどうだったのだろう。もちろん、大昔は今のような本など存在していなかった。しかし、古代は口伝《くでん》や伝承によって部族の歴史が物語の形で耳から体の中に入った。語り継がれてきたそれはたんに過去や祖先の事例についてばかりではなく、倫理や生き方を含む総合的な書物のようなものであった。古代の人々はそれを聞いて考えたのである。

その口伝は現代では細分化されて本というコンパクトな形になった。かつては祖父や長老が語っていたことがおそろしく細切れになって本にされている。したがって本を読めば、過去の事例がわかる。過去の人々が何を考え、何を想像し、何を望んでいたかがわかることになる。だから、現代は便利な世の中になったと言えるだろう。

古代の人は祖先から語り継がれてきた物語をたんにおもしろがって聞いていただけではないだろう。その歴史や物語を自分に引きつけて読みとっていたはずだ。

読みとりは漫然と聞く態度からは生まれない。読みとりとは、言葉や文章のつながりから何か意味を掘り出してくる作業だからだ。読みとりは自分からの積極的な作業であり、自発的に考える仕方の一つなのだ。

現代に生きるわたしたちの場合も同じだ。本はそこに置いてあるだけでは紙の束にすぎない。頁を開けば、乱雑な模様のような文字が連なっている。それを声に出して読んでも、お経や歌詞の朗誦と同じで意味はない。何が書かれているかわかる段階に至って、わたしたちの頭が働くのだ。

読書が受け身ではなく積極的な作業であるのは脳の働きがどうしても必要になるからだ。読みとりはさらに高度な作業になる。**読書が人の頭を活発にするのは、この読みとりという形で考えることがなされるからなのだ。**

もちろん、読みとりはふだんの生活においても意識せずに行なわれている。他人のふとした言葉の使い方、態度、表情、行動から、わたしたちはその内部に隠されていそうなものを読みとっているではないか。

それなのに、本に向かったとたん、そこに書かれている主旨や情報や知識のみを選択すればいいと思ってしまうから、いちいち本を読むのが面倒なことになる。だから時間をかけて本なんかを読むよりもさっさとネット情報で要点を引き出してしまおうということになるわけだ。

要点抽出さえできればよいという態度がきわまると、要約本や誰かがネットで書いたレジュメ文章だけでその内容がすべてわかったつもりになってすませてしまう。

これは、自分の周囲の世界をとても粗雑で小さな仮想世界にしてしまうのと同じことだ。今ここに生きているのに、この世界を生きていない状態だ。いわゆるオタクはそういう小さな仮想世界に慣れているから、現実世界への適応が難しいのではないか。

読書は体験。知識を仕入れる手段ではない

ノウハウや知識を持っているだけで用が足りることはない。たとえば、人生について書かれた本を読んで人生が丸ごとわかるとでもいうのだろうか。

人生の一部については納得する点があるかもしれないが、それごときで人生を理解することはできないはずだ。なぜなら、自分が日々を生きるのが人生だからだ。その代理をしてくれる人はいない。

そのことと同じように、自転車の本を読んでも自分が自転車に乗る体の感覚を知ること

は絶対にできない。また同じように、本そのものの内容を自分で読まなければその本についてはわからない。

つまり、**自分が自分なりの読みとり（思考）をしなければ、どんな本も数えられるほどの事項の情報を長い文章でくどくどと書いているだけの冗長《じょうちょう》なものになってしまう。**

したがって、一般に思われているように**読書とは知識や情報を仕入れる手段のことではない。読書とは自分の体験の一つであることにほかならない。**

そのような個人的な体験と要約の落差を実験してみることができる。たとえば、コーマック・マッカーシーの小説『血と暴力の国（No Country for Old Men）』（黒原敏行訳）の始まりのシーンの文章はこうだ。

（保安官補は）椅子から立ちあがり腰のベルトから鍵束をはずして机の引き出しを開け留置場の鍵を出そうとした。保安官補が軽く背をかがめているあいだにシュガーはゆっくりとしゃがみ手錠をかけられた両手を膝の後ろへおろしていく。それと一続きの動作で床に尻をつけて坐り身体を後ろへ傾け両手を尻の下へ通し腕の輪から両足を抜いてすっくと立ちあがった。まるで何度も練習した動作のように見えたが実際そうだった。シュガーは手錠の鎖《くさり》を保安官補の首にかけ跳びあがって両膝をうなじに打ち当てると同時に鎖を強く引いた。

二人は床に倒れた。保安官補は喉を締めつける鎖の下へ両手の指をこじ入れようとしたが無駄だった。シュガーは床に横向きに寝て両腕のあいだに自分の膝を入れ顔をそむけて手錠の鎖を引っ張った。保安官補は激しく身悶《みもだ》え転がったまま床の上を歩くように足をばたつかせて身体を回転させ塵《ちり》入《い》れを蹴り椅子を部屋の向こうまで蹴飛ばした。その足が当たってドアが閉まり小さな敷物が二人のあいだで押し曲げられた。保安官補は喉を鳴らし口から血を吐いた。自分の血で窒息《ちっそく》しかけていた。シュガーはさらに力をこめた。ニッケルめっきをした手錠の鎖が首の骨に食いこんだ。右の頸動脈が裂けて血飛沫《しぶき》がひとすじ飛び壁に当たって伝い落ちた。足の動きが鈍くなりやがて止まった。

この文章を読んで陰惨な場面だと感じたのならば、体験をしたのだ。陰惨だと思ったのは、やはり読みとりがあったからだ。それはことさら意識はされていないが。

ところで、今ここに例としてあげたマッカーシーの文章を要約すればどうなるか。「逮捕されていたシュガーという人物が保安官補を手錠で殺した」となるのだろうか。あるいはもっと簡単に、「シュガーは保安官補を殺害した」とでもなるのか。

そのような要約はマッカーシーの個性的な小説文章のいったい何を伝えているというのか。蝉の抜け殻ほどにも内容がないではないか。

だから、いかに多くの名作ダイジェストを読もうとも、何か別の空虚なものを読んでいるとしか言いようがないだろう。そういう読み方からは個人的な体験、つまり自分の頭を使う読みとりがすっかり抜け落ちているからである。

知性のための読書のコツ

この四つを押さえれば忘れない

ストーリーや逸話の流れを読んで追うための娯楽本ではなく、論を展開している本を読む場合、次の点をしっかり押さえておけば、今後に役立つし、時間がたっても忘れることが少なくなる。

①　その論の主旨。
②　論の根拠。
③　論の前提となっている知識・観点・価値観と、その論が生み出された歴史的背景。
④　その論の構造（著者が多くの知識をどのようにつなげているか）。

最低でも①は押さえなければならない。しかし、書物の主旨や主張はその書物の内容を丹念に読まなくても、解説やダイジェスト本を読むことでも得られる。ただし、その要旨が正確だという保証はない。

②については、自分で理解しながらじっくりと読まないとわからない。

③は、その本の関連図書類を丹念にあわせ読み、かつ時代考証や影響を与えあっている周辺の書物の読書などの作業が必要になる。

④がわかれば、著書の独創性が何かを知ることができる。というのも、知識の独創的なつなぎ方ができる人こそ独創的な著者だからである。

知識不足、偏見、あるいは文章の破綻を疑う

論を張った書物を読んでもなかなか理解できないなら、なぜ自分が理解できないかがわからなければどうしようもない。理解できないことの原因の多くは、自分の基礎知識不足か、あまりないことだがその書物の文章が破綻《はたん》しているかだ。

自分の知識が足りないかどうかは自覚できる。その一方で、自分が強い偏見を持ってい

ることは自覚しづらい。その偏見によって本の内容が理解できていないことも多い。

偏見というものはしばしば長い時間をかけて培《つちか》われてきたものだから、生活習慣病に似ていて、すぐには矯正されない。しかし、選り好みせずにさまざまな分野の本を読んでいくならば、偏見はそのうちに自然と薄まっていく。同時に知識不足も解消されていく。

ただし、安易な本、やさしい本だけを読むならば、そういう効果は期待できない。これは、自分に甘い人間とだけ接して暮らしていれば自己変革ができないということと同じだ。

書物は物質という体裁をとってはいるが、その中身は人間なのだから。

何かを理解することについて

ふだんの「わかる」と勉強の「わかる」の違い

「うむ、きみの言い分はよくわかった」

これは何がわかったのだろうか。おそらく、相手の気持ちの程度と意志の強さや方向性がわかったのだろう。それでいながら、相手とは一定の距離を置いたままだ。

「わかった。よくわかってるよ」

この場合は、相手の事情への同感の意味でのわかり方であろうし、相手に心理的に接近している。

「もうわかったから」

これは、わかったという言葉を使いながらも、それ以上の釈明や説明をさえぎり、相手を遠ざけようとしている。

「これでやっとわかった」

この場合の「わかった」は自分が全体を理解してすっきりしたということの表明だから、感嘆とか安堵《あんど》が含まれている表現だ。

ふだんわたしたちは「わかる」という言葉をおおむねこのような意味で使っている。そのふだん着的な「わかる」と、本を読んだり勉強して「わかる」場合の理解はそっくり同じなのだろうか。

わたしたちがみずから読書をしたり自発的に勉強をしたりするとき、何を知り、何を理解したがっているのか。少しでも知ろうとしている未知の事柄、自分がこれまですっきりと理解してこなかった事柄への理解を求めているのではないか。

三種類の「理解する」

では、わたしたちは何をもって理解だとしているのだろうか。その一つは、雑多にしか見えない対象を明瞭に**整理分類**できたときだ。

動物の分類、植物の分類など、古代ギリシアのアリストテレス以来、学問の基礎は分類や分析をすることにある。日常においてもわたしたちは金銭を財務諸表上で分類することで、入ったり出たりするさまざまな金額の金銭の意味を理解している。

もう一つの理解は、**論理的なわかり方**だ。順を追っていること、時間を追っていること、因果関係でつながっている場合に、わたしたちはそれがわかったと思う。

この論理的なわかり方は、日常では別の言い方で表わされる。つまり、筋が通っている、筋道が立っている、絵になっている、つじつまが合っている、終始一貫している、等々。たとえば、論理に少しも破綻や飛躍がなく、説明がすべて密接につながっているような書き方になっている本を読めば、十分に理解できたという感じを覚える割合が高いだろう。では、その本の内容はだから正しい、あるいは事実に即していると言えるのだろうか。

そうとは限らない。筋道立っていて論理的であることと正しさは関係がない。一から十まで嘘であっても、論理的に説明することは難しくない。いや、嘘だからこそ、むしろ簡単に筋道立ったものとして書きやすい。

詐欺師や疑似宗教やノウハウに多くの人がだまされやすいのは、相手が展開する筋道立った一見もっともな説明を正しいことと混同するからだ。論理が一貫しているのだから矛盾がない。**人はその端正さに魅了されて正しいと思いこむのだ。これは、端整な顔つきの人間を、それ以外の理由もなく好むのと同じことだ。**

そこに、「理解」するということの不思議さがある。何かを理解する、何かについて「わかった」と実感することについて人は理性のみを用いているわけではなく、感性と呼ぶしかないものをもあわせて用いていると思われるからだ。

このように論理的であれば「わかる」ことの派生として、**仕組みが明瞭になる**こともわたしたちの理解になる。たとえば、エンジン機関内でガソリンが発火されて爆発するたびにシリンダが押され、そしてピストンが動いてクランクシャフトの回転に連動するという自動車の仕組みを知れば、なぜガソリンで自動車が走るかということを理解する。

もう一つの理解は、**日常的な事柄との比較や置き換え（言い換え）で「わかる」**ことだ。たとえば、何か新しい事柄を初めて聞く人に説明してわかってもらうには、一種の置き換えである比喩を使えば理解されやすい。

ただし、比較や置き換えで理解するためには、自分の中にすでに比較や置き換えができる材料や経験を持っていなければならない。もしそれが最初からなければ、比較や置き換えによる説明がいくらあったとしてもそれに対応するものが自分の中に探せないのだから、すっきりとした理解にはいたらない。

カントの著作がしばしば難解に感じられることの一つには、日常生活での経験との比較や置き換えの例が示されていないことがあるだろう。それでもカントの言いたいことを理解できる人がいるわけだが、彼らだけが特別に頭がいいわけではない。カントの文章を読みながら、自分の頭の中で自分なりの比較や置き換えの作業をしているだけなのだ。

同じレベルの例として、西欧文明の文化教養がないイスラム教徒が西欧的民主主義をいっこうに理解できないのは、彼らの中に経験としても知識としてもそれがないし、民主主義と似たものすらないからである。

わたしたちも同じだ。学習や経験が少ないほど理解が困難になる。自分の中に蓄《たくわ》えられているものが少ないために、理解のために対応する概念や経験や知識がないからだ。これを補うのはやはり学習や社会的経験であり、それでもまだたりないから本を読むのである。読書は自己投資などではない。読書の第一義は、自分と他者を「わかる」ためなのだ。

ところで、勉強しても本を読んでもなかなかわからないというものもある。それはもちろん、体験をともなって初めて実感されるような事柄だ。

たとえば、スキーのおもしろさは勉強してもわからない。セックスの絶頂感も体験なしではわからない。悟りのあのすがすがしさもまた自分で体験しなければわからない。要するに、「頭だけではわからない」ことだ。

そういったものを理解するためには、やはり身をもって体験するしかない。そのためにわたしたちは肉体を持ってこの世に生きているのだ。肉体のような物理的体験による理解は決して一段下がった理解ではない。

そもそも、わたしたちは精神だけで理解するのではない。心身で理解するのだ。だから、小説を読んだときに涙を流す。すばらしいと思うと顔が輝くのだ。何事に対してであっても、頭だけでの理解や感動はありえない。

したがって、比喩は必ず物理的な表現になっているのだろう。精神的なもののみで表現された比喩はどこにもありえない。人間は精神のみを感知したり理解したりすることはできないからだ。

読んで理解するための六つの技術

1・傍線を引く

本を読んだら、傍線を引く。本一冊すべての頁を読み終わってから傍線を引くのではない。**あるまとまった小論の範囲の一ブロックをひとまず読んだら、振り返って傍線を引く。**

裏写りのしない筆記具がのぞましいから、万年筆は適当ではないだろう。私は甘く削った4Bの鉛筆で傍線を引いている。当然のことながら、その線は太く濃い。だから、読みさしの本の頁にはいつも鉛筆が挟《はさ》まっている。

ブロックごとに傍線を引くのだが、そのブロックの長さは本によって異なる。一章が一ブロックの場合もあるし、見開き二頁が一ブロックの場合もある。つまり、読みながら引くのではなく、一ブロックを読んだのちに傍線を引くことになる。

傍線を引く箇所は、読者によって異なるのがふつうだろう。

わたしの場合は論を述べた書物を読むことが多いので、重要な箇所にフリーハンドの傍線、疑問や問題のある箇所に波形の傍線を引く。傍線を引くべき論が数行にわたる場合は、上側に横の線を渡す。

この傍線を引くことで、論旨がくっきりと浮き立ち、記憶が鮮明になる。また、あとから参照箇所を探す場合にもその部分が目だっているから探しやすい。

傍線を引いた頁には付箋《ふせん》を貼っておくと、あとから見つけやすい。その際は紙製の付箋よりも薄いポリエチレンのインデックスのほうが劣化しにくいという利点がある。

2・余白に書き込む

書物の頁の周囲に余白がもうけられているのは、そこに書き込みをするためである。何を書きこんでもかまわない。

わたしの場合は、別の著者の論とのはなはだしい類似や相違が見られたときに、cf.とかvgl.（どちらも比較・参照という意味）といった専門的記号を頭につけて書き込んでおく。あるいはまた、その論の間違いや批判があった場合も書き込んでおく。

この書き込みは、傍線以上に記憶に残るものだ。傍線引きや書き込みをするだけで、書物の理解もいっそう深くなるという効果が生まれる。

自分の知らない学術用語やジャーゴン（慣用語）が出てきた場合も、その意味を書き込んでおくと便利だし、その一度の書き込みをするだけで頭に入るようになる。

理解不能とか疑問点がある場合は、その単語や文章の横に?印をつけておくべきだ。その印をつけたら、あとで調べておくのだ。

こういうふうに、一冊の書物や論を理解するには結局のところ本が汚れることになる。だから、自分で買った本のみが自分の血肉になる。図書館で借りた本でなにがしかの勉強をしようと思うならば、この方法をとることができない。ケチが実りを結ばないのは他の事柄と同じだ。

3・必要な資料を備える

知らない人名や地名や歴史の事項が出てきたときにすぐに調べることができる各種の事

典類を備えておく。その他に歴史年表や地図類も必要になる。国語辞典や外国語辞典などはいわずもがなだ。

あとで調べておくというのならば、該当頁に剝《は》がれにくい付箋を貼っておく。付箋の貼り方は自分なりにルールをつくっておくべきだろう。たとえば、重要な頁を意味する場合ならその頁の上部（専門用語では〝天〟と呼ぶ）に縦に貼り、調査必要の箇所ならばその頁の長い辺（専門用語では〝小口〟と呼ぶ）に横に貼るというふうに。

地名や国名を曖昧《あいまい》ながらも知っているつもりで本を読み進めると、場合によってはとんでもない誤解が生まれやすい。たとえば、ローマ帝国と神聖ローマ帝国のちがいは、ペルシャとチンチラのちがいよりもはるかに大きい。

同じ地名なのに国と時代によって場所が異なる場合も少なくない。また、イスタンブールのように同じ都市なのに時代や支配体制によって名前を変えている場合がある。

さらには、何語で呼んでいるかによって名称が似ても似つかないものになる。同じ山を英語ではエヴェレスト、チベット語ではチョモランマ、ネパール語ではサガルマータと呼ぶのはそのいい例だろう。

色彩の名称も、国や文化圏によって示す範囲がだいぶ変わる。日本人には青色であっても、ギリシア人とロシア人にとっては水色と群青《ぐんじょう》色は別の色になる。人工的な黄色、たとえば信号機の黄色はオランダ人にとってはオレンジ色になるといった具合だ。このような色彩感覚の差は翻訳されたものを読むときは誤解の因《もと》になる可能性がある。

4・全体像を把握しておく

ある本を読んでいて、さらにそのテーマを追ったり広げていこうとする場合には、巻末に付された参考文献表に並べられた書籍が参考になる。それらの書籍を読んでさらに理解が深くなることが多くある。

自分にとって初めての分野の本である場合は、いきなり本文から読むのではなく、まずは解説や翻訳者のあとがきを読んでおかなければならない。そういう付録の文章は一種の海路図としての役割をはたすからだ。その次は目次に目を通してだいたいでも全体像を眺《なが》めておいたほうが、読書の理解を助ける。

何かはっきりした目的についての準備勉強を大急ぎでしなければならないときは、そのテキストを一日か二日で読んでしまうことが肝心となる。わからないことがありながらもとにかく全体に目を通しておく。

全体像の俯瞰《ふかん》をしておくのは、旅行に出かける前に旅行先の地図を見ておくのと同じ意味を持っている。だから、勉強しながら自分が今どの程度進んでいるのか、あるいはまた、今の部分が全体とどういうつながりを持っているのか、容易にわかるようになる。それだけでも心理的な余裕を与える。また、自分の進度や速度が把握できるのだから、勉強の計画も立てやすくなる。

勉強はだらだらやるほど飽《あ》きやすくなる。だから、疲れきらないうちに手早くすませるようにする。そのためにはもちろん強い集中力が必要になる。腐れ縁のつきあいや常習飲酒など、自分の集中的な勉強を妨《さまた》げるような悪い習慣はやめなければならないのはあたりまえのことだ。

5・質問する

学校の生徒ならば、わからない箇所があったら、それを先生に質問できる。しかし、大人の勉強ではそう簡単にはいかない。それにまた、大人の勉強で出てくる疑問はそのへんの教師が即座に返答できるような安易なものではないだろう。

だから、疑問が生じたら、それを本に質問しなければならない。つまり、その疑問についてのなんらかの回答をしているような本を探しまくるのだ。もちろん、これは時間がかかる面倒な作業だ。その時間をもったいないと思わず、人頼みにもせず、そのつど自分で回答を探さなければならない。

これは遠まわりをしているように見えるかもしれないが、結果的にはそうはならない。なぜなら、これを行なうことで、自分で調査するという力とスキルが身につくからだ。このスキルは今後も仕事や生活の多方面において応用できるものだ。

一般的にはこの力は大学で自然に身につけることが可能だ。ただし、ゼミでの論文などをオリジナリティある自分の論文として書こうとする学生だけだが。実際には、多くの学生は単位の取得と就職だけを目的としているため、安易な引用と剽窃《ひょうせつ》だけで要領よく論文を仕上げるので調査力など身につかずに卒業してしまう。

あきらめることなく自分の疑問への回答を探してあれこれ調査していると、問題の本質や方向性がいよいよ具体的にわかってくるようになる。これは、自分がさらなる展望が利《き》く場所に出たということだ。それにつれて、自分の疑問も変容する。そこまで達すると、おもしろさが加わってくるようになる。

こういう調査は、我慢強さと飽くなき探究心を養うこともできる。その姿勢は勉強の他の事柄にもよい意味で影響するようになる。こういうふうに、安易に誰かに聞いてその回答を鵜呑《うの》みにするよりも、自分で調べるほうがずっと自分のための収穫が多いのだ。

具体的な方法の定石《じょうせき》などない。しかし、まずは数種類の百科事典で調べてみるのが手っ取り早い。その項目の記事に載っている参考文献の実物にあたる。その書籍の巻末にある参考文献からも次の参考文献を探していく。

そのあとは芋づる式にいくつもの道と可能性が見えてくるようになる。そうこうしているうちに、どれもこれも自分で興味を持って調べたものだから努力することなく記憶され、その助けで勉強が大きくはかどっていくことも少なくないものだ。

ところで、**自分の疑問がどういうものだろうとも、すでにたくさんある書物の問題意識と比べて過小評価してはならない**。ごく素朴に見えるような疑問であっても、つまらないなどと勝手に判断してはいけない。

というのも、どういう質問であっても、その回答はたった一つの絶対的なものがどこかに隠されているわけではないし、いつも文化、歴史、宗教、政治体制がからんだ複雑なものであり、現代でもまだ明らかにされていないものが多いからだ。

6・読み直す

一冊の本は、誰が読んでも同じく一様だということは決してない。また、自分がかつて一度読んでわからなかった本がいつまでもわからないということはない。

なぜならば、人はずっと変わり続けていくものだからだ。若いときに難しくてお手上げだった本が、ある年齢になってから読み直してみると簡単すぎると感じられることも往々にしてあるものだ。知識や考え方の幅が広がるにつれて言葉の理解が多様になり、それにつれて意味の取り方、そして自分の問題意識も変わってくるからだ。

初めて読むときよりも、読み直したときのほうが新たな発見が多いだろうし、その本の内容の構造や個性がくっきりと浮かび上がってくるだろう。ただし、そういうことが起きるのはその間にたくさんの他の本を読んできた場合だ。

では、本を読む時間を逸《いっ》してきた人はずっとハンデを負うのだろうか。そんなことはない。今から読めばいくらでも挽回できる。大学に行かなくても本さえ読めば、自己過信して遊んでばかりいる大学生よりも知性が上回るのと同じだ。
読み直してみて得るものが大きいのは宗教書や哲学書の分野の本だろう。数学系の書物と真逆で、個々人の人生経験によって理解されうる余地がかなりあるからだ。その意味で、大人にとって勉強のしがいがある分野だともいえる。

読み直しの最初は飛びとびに読む形でもいい。気にかかっている部分を目次から拾い出し、まずその部分を読む。以前よりもはっきり理解できるならば、その部分のつながりもついでに読む。そうしても理解できるならば、通して速読すればいい。

この読み方はいかにも狡猾《こうかつ》なように見えるが、学者にしてもそういうふうにして読んでいるものなのだ。分厚い本をすべて、一頁目からじっくり読むことなどしない。そんなことをしたら、本を読むだけで人生が終わってしまう。

「考える方法」を使いこなす

1・連想する——感情と記憶をからめない

考える方法は大きく分けて次の四つがある。連想する。書いて考える。立って考える。リラックスして考える。

この最初の連想は誰もが自然にしていることだ。しかし、「考える」ことに慣れていないと、連想に記憶とイメージと自分の感情的反応を混ぜてしまうことが多くなる。

それは連想に重い鉄枷《てつかせ》をつなぐことと同じで、連想が自由に羽ばたいていかないどころか、連想がいつも同じ場所に着地する。そして、「やっぱり、いつ考えても同じ結論になるんだよなあ」で終わってしまいやすい。

連想を使った思考ならば、自分の感情や記憶など脇に置いて、もっと自由潑剌《はつらつ》に制限なく考えていい。発明やビジネスの発想の根源にあるのは自由な考え方なのだから。

そのことを理屈ではわかっていても実際に自由な連想思考ができないのは、どんな物事にも行動にも定まった形式や道や正しい方法というものがあるにちがいないはずだという強い思いこみがあるからだろう。しかも、そのことに自分では気づいてはいない。

突飛《とっぴ》な発想をする人や芸術家、作家などある種の文化人たちがちょっと変わった人に見えるのは、彼らが風変わりなのではなく、自分のほうが融通《ゆうずう》性がなく自由ではないからなのだ。だから、自分自身が自由になれば、それにつれて思考の連想も自由になる。

では、どうすれば自由になれるか。それは、多くの事柄について「**いちいち考えない**」ことだ。「いちいち考える」とは、**何かが起きたり何かを見たときに、いちいちああだこうだと内心で感想を言ったり評価づけをしない**ことだ。

もちろん、愚痴《ぐち》もいちいち考えることに含まれる。他人の噂話もそうだ。気持ちや体の小さな不調を話すこともそうだ。天候に一喜一憂することも同じだ。その中でも、**心配をすることはもっとも毒性が強い**ものだろう。

誰かについて心配をしている人はあたかも自分がその人を深い愛で庇護《ひご》しているかのような気分になっている。しかし実際にしているのは、その誰かについて何か悪いことが起きるのをずっと想像することなのだ。

その想像を飽きずにくり返して時間をつぶす。そして誰かが無事に帰ってきたりしたら、

「どこへ行っていたの、ずっと心配してたのよ」と本気で怒る。まるで、悪いことを想像するのが重大な仕事や献身であるかのように言うのだ。こういう態度は愚《おろ》かすぎる。

自分についての心配もほぼ同じだ。よくない想像をして不安になったり失望したりするだけだ。そして、その不安や失望をなだめたりごまかしたりすることに多くの時間を使う。その間に物事に関わることはないのだ。

このような癖はすさまじい浪費と同じなのだから、捨てなければならない。そうすれば、生活は変わる。責任を持って判断しなければいけないことについてはきっちり考え、他のことについては判断せずにただ認めるという態度に変える必要があるだろう。そうなれば、気持ちもいちいち乱れないし、一日の時間がすっきりとしたものになる。

2・書いて考える

連想だけで考えようとするから、ついには考えあぐねて疲れてしまうことになる。そう

ではなく、なんらかの結論まで考えるためには、書いて考えるのが手っ取り早い方法だ。
また、**書くことによって、考え洩《も》らしを減らせるし、つごうのいい考えだけを追うことを防げるようになる。**

整然とした文章を書かなくてもいい。メモのように短い文章や単語を紙に書きつけて、それらを関連づけるために各項目の間に線などを引きつつ考えるのだ。

この方法による思考は、感情が湧《わ》きあがるのを排除しやすい。要するに醒《さ》めた頭で考えられるようになる。これはビジネスにおいて紙に書いて考えるのと同じことだ。頭だけで考えるならば、失敗の確率が多くなるのをビジネスマンは経験則で知っているからだ。

だからといって、一度書いて考えればすぐに理性的な結論が得られるというわけではない。体調や自分の精神状態や環境によって、書く事柄の軽重やそれぞれの関連性が異なってくるのがふつうだ。

だから、今日の昼に書いて考えたならば、次の日に見直して訂正したり書き直すことになる。そしてまた翌日になったら慎重に見直し、足したり削ったりする。そうすると次の日からはだいたい考えがまとまっていくものだ。

3・立って考える

人によっては、立って考えるほうが速く考えやすく思考がまとまりやすい場合もある。これは、**脳の血流がよくなる**からだ。そういう意味では、足腰が丈夫で太腿が貧弱ではない人のほうが頭の回転が速いことになる。小説『老人と海』や『キリマンジャロの雪』で有名なアメリカの作家ヘミングウェイはこのタイプで、立って原稿を書いていた。

血流をよくして頭の回転を速めるには、哲学者カントやニーチェのように早足で散歩しながら考えることも効果的だ。しかし彼らはプロなので思考した事柄をすぐに記憶して文字に起こすことができるのだ。ふつうの人には容易に真似はできないかもしれない。

4・リラックスして考え直す

一度書いて考えたら、その夜にはリラックスしてもう一度考えてみると新しい局面が浮かぶ可能性がある。たとえば、ぬるい風呂につかりながらじっくりと考え直すのだ。

このときは本当にリラックスしていなければならない。つまり、時間や来客などを気にかけていない完全に解放された状態であることが必要だ。**いっさいの心理的抑圧がないと、考えが自由に羽ばたく余地が与えられるからだ。**

小説『ティファニーで朝食を』で有名なトルーマン・カポーティのように長椅子などに横になって考える人もいる。カポーティが自身のことを「完全なる水平作家だ」と自嘲ぎみに言うのはそういう意味だ。これもまたリラックスすることで想像を羽ばたかせるという有効な方法だ。

いずれのタイプの場合であっても、切迫した悩みを抱えていれば、ちゃんと考えることは難しくなる。だから、じっくりと考えることができる人は恵まれているとも言えるだろう。あるいは、**問題を抱えていても、その問題を自分の心の外に置くことができるほど豪胆な人に分《ぶ》がある。**

思索するためのノートとメモの使い方

ニーチェのメモ

十九世紀後半のヨーロッパにニーチェという独特な人が生きていた。彼は三十五歳でスイスのバーゼル大学を辞《や》め、それから一〇年間というもの、夏はスイス、冬はイタリアやフランスに逗留《とうりゅう》し、多くの原稿を書いた。

その孤独な一〇年の間、彼はふと思いついた短文を色つきの小さな紙片にこまごまと記していた。そのメモの集積からあの多彩な思想を紡《つむ》ぎだしたのだ。

メモというものは短文や数少ない言葉がふつうだが、それは氷山のてっぺんのようなものだ。その言葉の下にはたくさんの言葉と思想が隠れているからだ。

ニーチェのように紙片に記しても、あるいはノートや手帳に記入しても同じだが、何事かをどこかに記しておかなければ自分の勉強には役立たない。いや、役立つかどうかという前に、とにかく記入して残しておかなければ、考えたこと、発想したことはたちどころに揮発《きはつ》してしまうものだ。

ノートは左右の頁を使い分ける

その記入の仕方は人それぞれだろう。しかし老婆心をもってティップを与えるならば、ノートなどに走り書きする場合は、最初は見開きの**左側の頁だけに記入**するというのがオーソドックスな使い方だ。右側の頁への記入はしない。記入する必要がある場合は、あとからなされる。

つまり、左側に記したメモから触発されて生まれた発展した考えについての文章、そのメモと関連する事柄、そのメモについての注釈、関連図書などを右側の頁に記入することになる。したがって、**左側の頁はオリジン、右側はそこからの拡大・発展・派生・注・補遺**となるわけだ。

こういうふうに余裕のある使い方をせずにノートや手帳に最初からびっしりと詰めて記載していたりすると、せっかくの発想や考え方が文字列の中に埋もれ、忘れられやすい状態になってしまう。だから、手帳を使うにしても紙幅《しふく》の贅沢《ぜいたく》な使い方をしなければならないから、年に数冊が必要になるだろう。

学校に通う人の場合も、ノートはそのように使うと効率がよい。左頁には授業を受けながら書くメモ類を記入し、右側にはあとからその注釈や説明を記入するのだ。この方法だけで知識にメリハリがつくし、記憶力も増大する。

メモは見渡せる場所に広げる

他人に見せる必要もない個人的なメモなのに几帳面《きちょうめん》に整理しようとしてパソコンやモバイルに書き込む人もいるだろう。しかし、その方法は時間がかかり、記憶媒体の不調によって一瞬にして消える危険性があるし、収納はせっかくの書棚を扉で目隠ししてしまうようなものだ。つまり、どういったものがパソコン内に収納されているのか忘れやすくなる。

こういったメモ類は自分の意思に関係ない場合にも目に入る状況になっているからこそ、別の着想や発展をもたらす可能性を含んでいるのであって、すっかりしまわれてしまってはそのメリットがなくなってしまうだろう。

手帳やノートのように綴《つづ》られたものにメモするのではなく紙片にメモをする方法をとるならば、そのメモをゴミとして捨ててしまわないためにも、見渡せる場所に広げておかなければならない。

メモ類を机の上に広げておいてもいいし、大きなコルクボードを壁に立てかけてそれにピンで留めておいてもいい。つまり、どうにかして**自分の視界の中にあるように**しておかなければ次の展開や発想を生みにくい。

手帳を持つ習慣のないわたしはこの方法をとっている。そのメモ類は体系も関連もなく、貼りつけ方も乱雑だ。備忘録の役目もある。たとえばキーボードから六〇センチほどの近さにある縦型のコルクボードに留められている大小さまざまのいくつかの紙片には次のようなことが記されている。

「終わりの言い方　桜、散る梅、こぼれる　朝顔、しぼむ　菊、舞う椿、落ちる　牡丹、崩れる」

「Schopenhauer　木製玉杓子職人という意味の姓」

「日本のエピステーメー　源信　国体」

「意味を開発する読み方　子供」
「1900〜パレンテ一族　パレンテファイアワークス」
「食物禁忌　申命14・4・21」
「古代ヘブライ語　ヤダー」

このようにわたし以外の人にとってはすぐには意味がわかりにくい短いメモの他に、A4判の用紙に思考図や事項の関係図などを記したものがコルクボードの前に置いた浅い籠《かご》皿《ざら》の中に幾枚も重なっている。

その周囲に一〇〇本ほどの筆記具、幾種類もの付箋、いくつもの書見台など文房具の他にCDなどが置かれているわけだから、決してル・コルビュジエの家具が似合うようなすっきりした机回りではない。一冊書き終わるごとに整理をするが、執筆の間はまた机回りがジャクソン・ポロックの絵ほどではないがややカオス状態になる。

わたしの場合は、メモはそれだけにはとどまらない。パソコンの手前にはいつも数枚のA4判の用紙や厚紙が置かれていて、執筆の間のふとした思いつきや、原稿には書かないが記憶しておくべきことなどを記入するようにしている。

これらのこまごまとした雑多なメモからいつか必ず何かが生まれてきて長い原稿の源泉

となるから、他人にとっては塵芥《ちりあくた》なのだろうがわたしにとっては重要な脳的内臓なのだ。

一冊の本を書くときもメモを参考にしている。具体的にどうするかというと、まずはディスプレイ上に単語や短い文章を三つから五つほどメモする。このメモは並べずに、ばらばらの場所に記載する。

すでにその段階で頭の中ではそれらいくつかのメモが有機的に結ばれている。夜空の星の間に恣意《しい》的に線を結んでなんらかの動物や物に見立てるような要領だ。

その結びつきの解説が、そこに書かなければならない文章になる。ちなみにこの項目についてのディスプレイ上のメモは、「メモノート使用法　上層への蒸留」となる。

こうしてみると、わたしは低い段階から高い段階まで四種類のメモを使っていることになる。

最初のメモは、思いついたときに記したメモ紙片。その中から抽出してコルクボードに留めたメモ。そのメモから発展してＡ４判紙に記したメモ。そしてディスプレイ上のメモ。

こうして複数のメモは蒸留するかのように純化されていく。そして、純化されたメモの背後にあるものをもう一度丹念にたどってわかりやすく説明するのが最後の作業である文章化となる。おそらく、ニーチェもだいたい同じような作業工程だっただろうとわたしは勝手に想像している。

自分向けの文章に書き換える

わたしは勉強ができないタイプだった

私的なことを書く。わたしは子供のときから勉強というものがすこぶる苦手だった。教科書に記されていることをそのまま素直に理解することができなかった。参考書の文章もよくわからないし、教師の説明もちゃんとわかるということがなかった。だから、自分は他の生徒よりもだいぶ劣《おと》っているのだろうと思っていた。

しかし、教科書ではない書籍を読むのは好きだった。だから、ヘルマン・ヘッセ、北杜《きたもり》夫《お》、亀井勝一郎《かめいかついちろう》、小林秀雄《こばやしひでお》、トーマス・マン、カール・ヤスパースなどを買ってきて深夜までじっくりと読んでいた。だから、学校の勉強をする時間などなかった。

高校生になっても教科書にあるたった数行の説明の文章の意味がわからなかった。ある日、数学の教科書の数行があまりにもわからないものだから、わかるまでくり返し読むことにした。すると、理解できた。

しかし、記載されているその文章のまま理解できたのではなかった。自分なりに文章を書き換えたのだった。そういうふうにすると、よく理解できた。教科書の文章は三行程度なのだが、それを自分が理解できるように書き換えたら一〇倍以上になった。

理解できたのが嬉しくて、次の文章も自分用に書き換えようとした。そして、ふと思いついた。これをやると、教科書一冊を書き換えなければならなくなる。しかも一〇倍以上に文字数が増え、書き換えの時間も相当にかかる。そして、全冊の書き換えをあきらめた。

一般の書籍の文章は読んで理解できるのに、なぜ教科書の文章だけが難解なのか。いや、なぜわたしにとって難解な文章なのか。理由はいくつもあって重なっている。すなわち、説明があまりにも抽象的かつ簡素すぎる。説明として充分ではない。具体性に欠ける。その文章に人間がいない、つまり、文体がない。だから、文章に魅力も音楽もない。

当時の教科書は事項と術語だらけのつまらない文章が抑揚もなく、ただ並んでいるだけだった。あたかも、つまらない背広を着た会社員がつまらない顔のままバス停に並んでいるかのように。

教科書の文章がそれでよしとされていたのは、もちろん教師が教科書を補うように説明するからであろう。これが、官僚が考えた学校の授業というものなのだろう。

外国に目を転じてみると、たとえば今わたしの手元にあるフランスの高校の哲学の教科書の文章は日本の教科書のようなものではない。個性ある書物として読んで理解することができる文章で書かれている。その一部を引用しよう。

「数学者は、図形、数、大きさ、集合などといった存在から成る一つの心的世界に住んでいる。これらの存在は、そのままの形ではけっして我々の経験世界には実在していない。経験世界には、点とか線とかいう単純な概念に対応するようなものさえ何一つ見出されない。そこから、数学的世界の起源の問題が生ずる」（P・フルキエ『哲学講義』「数学的世界の起源」足立和浩・竹田篤司訳）

「—数学は純粋な思考の産物ではない。それはその最初の諸観念を経験からひきだす。あとになって、この上なく抽象的な構成物さえ或る意味を保ち続けるのは、この経験のおかげである。

—数学者の構成物は、全部が全部現実の世界にあてはまるというわけではない。それは現実と照合されねばならず、この照合によってそれが保持されるに値するかどうかが決定される。けれども、かなり多くの場合、新たな数学的概念の創造は、物理学の理論上の要請によって促進される」（同「数学の物理的世界への適用」）

「…（中略）…数学は権利上の確実性に到達しており、この確実性はまた数学的あるいは形而上学的確実性ともよばれる。仮説＝演繹《えんえき》的な体系は、現実を捨象《しやしょう》するから、形式的真理性によって必然的に真である。仮説として立てられた公理系がひとたび認められるなら、その諸結論を拒絶することは矛盾であろう。或る意味で、精神はこれによって絶対に到達するのである」（同「数学の真理と確実性」）

数学の前提についてこういうわかりやすい説明があったならば、レスリングの練習でへとへとになっていた高校生のわたしにも数学の意義を理解できていただろうと思う。

そして、それでもなお、わたしは教科書の文章を自分がわかるように書き直していただろう。たぶん、わたしにはそういう癖があるのだ。ふだんでも、相手の言葉をそのままの形で理解するということはあまりない。自分の中で別の言い方にして理解する。

書き換えて理解する

本を読むときも同じだ。すべての文章についてではないが、**重要な箇所については自分向けの文章に換えてようやく咀嚼、理解する**。自分向けのその文章は起伏や地形が明瞭となったものだ。つまり、論理の流れと強調点が明確になったものだ。

わたしにとって他人の文章はあまりにもフラットで色と形が曖昧なものにしか感じられないのである。したがって、政治家の文章はそのままではまず理解できない。同様に、一般のビジネス文書、取扱説明書などもそのままでは理解できない。しかし世の中の人はそれでなにがしかを理解しているのだから、わたしのほうがどうかしているのだろう。

そういうわたしにとって、日本国憲法すら理解できないのは当然のことだろう。その第一条はこういう文章だ。

「天皇は、日本国の象徴であり日本国民統合の象徴であって、この地位は、主権の存する日本国民の総意に基く」

戸籍も国籍も持っていないある一人間が象徴であると書かれている。まずこのことがそのままでは理解できない。象徴というのならば、それは必ず物や観念であるはずだからだ。

また、「天皇の地位は国民の総意に基く」とも書かれている。であるならば、その総意はどうやって確かめられたのか。あるいは、数年ごとに国民投票で意思が確かめられるのか。しかし、実際にそういう国民投票はなかったのだから、ひょっとしたらこの文章は架空のことを述べているのか。

別にわたしは迂回《うかい》した形で条文の文章を揶揄《やゆ》しているわけではない。読む人に何事かを伝えなければならない目的を持つ文章としては、あまりに体《てい》をなしていないとわたしには感じられるのだ。おそらく、条文のこの文章は背後にたくさんの政治状況や思惑やコンテクストを持っているのだろう。

だとしたら、この文章は、家に戻ってきた亭主がただ一言「おい」と口にして、その女房が亭主の今の意思をたちどころに察してお茶と新聞を持ってくる場合と同じレベルでの理解を読む人に求めていることになる。それは、慣れ親しんだ関係でのみ通じる阿吽《あうん》の呼吸と変わらない。

そういう内輪的な関係でのみ理解が成立するレベルの文章を憲法の条文としていいのだろうか、とわたしは素直に思う。憲法の文章ならば、その文章自体で誤解なく誰にでも理解される水準であるべきだろうと思うだけだ。

哲学の文章を難しいと感じるのはなぜか

ところで、一般的に哲学の文章は難しいと思われている。確かに、カントの『純粋理性批判』のように、文章の構造が入り組んでいるために難しく感じられる文章もある。ヤスパースの文章はもっと抽象的で難しい印象を与えるだろう。

しかし哲学書のすべてがそうではなく、たとえばショウペンハウアーの文章は難しくはない。にもかかわらずショウペンハウアーが難しいとされるのは、世間的な常識で物事を考える癖が抜けない人にとって、それぞれの哲学の新しい考え方が受け入れられにくいせいだと思われる。それは新しい踊りに反撥《はんぱつ》を覚えるようなものだ。

わたしには、**哲学書の文章はその文章自体で理解されるように書かれている**と思われる。だから、別の言語に翻訳されても理解できるのだ。わたしの場合は自分なりの文章に翻訳して理解する。そういう理解の延長線で書いたのが、以前に上梓した『超訳 ニーチェの言葉』だった。

ニーチェの翻訳書は昔からたくさんある。それぞれの学者がドイツ語から忠実に翻訳している。その労苦と能力はたいへんなものだったろうと察せられる。わたしたちは彼らのたゆまぬ努力の恩恵《おんけい》をこうむっているのだ。

文化的な宝と呼んでもいい翻訳書がすでにあるにもかかわらず、わたしが自分なりの表現でいわゆる超訳したのは、ニーチェの文章に現代的な音楽の文体を与えたかったからだ。

学者による忠実な翻訳は、ドイツ語を知っている者にはとても役立つ。しかし、ふつうの人々にとってはどうだろうか。原文の一文を翻訳の場合でも一文としてまとめる努力はすばらしいものだが、日本語としては長すぎることが多いし、入り組んだ長い文章は読者の理解をかなり難しくするはずだ。

だったら、理解されやすくするために、長いセンテンスは短くすればいい。内容のまとまりがよくなるように改行を増やせばいい。現代ではなじみがなくなった漢語的な成句や表現を避けて、現代の言い回しに換えればいい。

強調されるべき部分、あるいは印象づけなければならない部分は、少し別の表現でリフレインしたり重ねたりすればいい。特有の哲学的表現が出てきたら、その中身を例示的に説明するような言い回しで代えればいい。

そういった超訳的改変はニーチェの意思を損《そこ》なわないとわたしは信じていた。なぜならば、彼は哲学を一種の詩的表現だと考えていたからだ。だから、わたしは文章や表現に音楽的なものを含ませた。言語的感覚としての音楽である。そうでなければ、現代の若い人の耳には届きにくいからだ。

さらに、この生を肯定しながら新しい価値をみずから創造していこうとするニーチェの積極性の雰囲気を出すために、全体的に明るいトーンにすることにした。そのために、彼の体の調子がよかったときに書かれた文章を多く選んだのである。

わたしの超訳本が出てから、他の著者によって贋物《にせもの》のような超訳本が多く出版された。期待しながらそのいくつかを手にとってみたが、落胆せざるをえなかった。昔からいくらでもあるたんなる名言本、説教本のたぐいにすぎなかったからだ。

その著者たちと版元はきっと、哲学系の超訳は見様見真似の安易な技術でなされるものではなく、まずは自分がよく理解するために書く個人的で、かつ切実なものだということを知らなかったのだろう。

試験勉強が苦にならない勉強術

高校生までの勉強はオタク的なもの

勉強や研究には二種類ある。内向的な勉強と探求型の勉強だ。

内向的な勉強の典型はいわゆるオタクの勉強だろう。彼らが趣味としてごく狭い事柄についてのみ没頭しているから内向的だというわけではない。既存のもの、既成のものについての知識を増やすことばかりしているから内向的な勉強なのだ。

もっと意地悪な言い方をすれば、オタクは既存の知識をオウム返ししているにすぎない。しかも、かなり不十分に。たとえばアニメや軍事や鉄道について一人のオタクがどれほど知識を蓄《たくわ》えていようとも、その知識の有用性は中途半端な百科事典の分冊ほどでしかない。ただ、部分的なくり返しをしているだけだからだ。

その内向性の対極に立つ探求型の勉強とは、探求することで深く進む勉強だ。

探求とは、対象の中にこれまで見えていなかったものを発見すること、対象についての知識を新しく組み合わせて対象を一新させてみること、対象を新しく解釈してもう一つの魅力や限界を見出すこと、などだ。要するに、**知識の合間に知恵を差し入れて知識の形を新しくまとめるのが探求である**。

学問ならば、必ずそこには探求がなければならない。たとえば、博士論文は一つの独自な探求の成果だ。既存の知識をもう一度述べてみせても、それは学問ではないし、そもそも何事にも役立ちようがない。その意味でオタク的な勉強は自閉的で無益なのだ。

高等学校までの勉強は全体的に内向的な勉強である。大学の三年か四年あたりからようやくにして探求を含んだ勉強が少しずつゼミナールなどで始まる。しかし実際には人それぞれで、すでに十代の頃から自分で意識せずに探求という形で物事に向かう人もいる。

いずれにしても、この探求ということができるようになれば、**探求は他の多くの事柄についてもたやすく応用できるし、仕事をはじめ手がけることをすべておもしろくする**。というのも、探求とは対象や材料に新しい意味を見出すことであり、同時に新しい価値を見出すことでもあるからだ。

探求が人生をおもしろくする

それを端的に見せてくれているのがすぐれた書物だ。書物のおもしろさとは、読者に著者による導きをさとらせないようにしつつ探求の入り組んだ道をたどらせ、ついには今まで見なかった地平に立たせてくれることから生まれてくる。

その意味で、どの頁をめくっても大小の探求になっているような本が読者をわくわくさせてくれるのである。すぐれた推理小説が読者を楽しませるのも探求の仕方が魅力的だからだ。もちろん、映画や舞台においてもこの探求の度合いが多く含まれているほど観客を強く引きつける力を持つものになっている。

こういった読書や観劇のときの探求のおもしろさは、確かに半ば以上は受け身的なものだ。それでもなお、わたしたちは自覚なく探求のおもしろさを身で覚える。

その後はそのたぐいのおもしろさに感応するようになるし、みずからも別の場面でそれを求めるようになるものだ。だから、**書物も含め芸術作品に触れることは、静かに確実に自分を変えていく行為なのである。**

資格試験や受験の勉強が苦にならない勉強術

勉強においてもこの探求の要素が多くあるほど深く進み入ることができるのは当然のことだ。**受験勉強や資格取得の勉強がしばしば苦痛でしかないのは、ある範囲の既存の事柄を記憶するのがメインになるという非探求型の努力を強いられるからである。**

その苦痛をできるだけやわらげ、探求のおもしろさを加味することはそれほど難しくはない。それは、どういう勉強であっても必ずともなってくる**基礎知識の学習の際にその周辺をつまびらかにしておく**という手である。

たとえば、キーとなる用語をいくつも覚えなければならないとしたら、ふだんは使わない用語の漢字をにらめてなんとか記憶しようと努力したりせずに、その用語の成り立ちや語源を調べたり、外国語での表現や使い方を調べてみるのである。

もし、「悟性《ごせい》」という言葉がどうにもなじみがなく、意味がはっきりしなくて記憶しにくいというのなら、その言葉は明治にドイツ語からの翻訳でつくられたことがわかるし、英語での表現はあっさりと understanding だとわかると、その段階で意味内容も鮮明に理解され、とりたてて暗記しようとしなくても深く頭に残って忘れないのである。

歴史上の事件の場合は、同時代の他の国の事件や時代背景もついでに調べてしまう。さらに歴史の写真集を開いて当時の街の雰囲気や人々の様子を眺め、当時の文学や芸術も調べておくのだ。こうすることによって理解が立体的になり、努力なしで年号も覚えられるようになる。ただ年表を頭に詰めこむほうがずっと困難で苦しいものになるだろう。

このような勉強の仕方をすると、自分の興味の幅が一気に拡大する。と同時に、さまざまな疑問も湧いてくる。それを決してないがしろにしてはいけない。勉強の中心からはずれるようであっても、自分の疑問への答えを求めてさらに調べ物を続けるべきだ。

すると、そのことによって全体像がよりはっきりと見えてくるからだ。そして、その過程で細かい基礎的なことは難なくクリアされ、全体とのつながりの意味においてしっかりと頭に残るようになる。

こういうふうに探求を織り交ぜるのが、内向的で苦しい努力に陥《おちい》りがちな勉強を明るく興味深いものにする方法である。

第2章

「読む」ことが武器となる

何をどのように読むか

知性のニヒリズムを打開するために

どんな「知」も時代の枠組みの中にある

わたしたちは学校などで教師から教えられてのみ、人生やこの社会や人間を知るわけではない。

それよりもずっと多くを、自分の経験を通じて、自分の眼に映った人々の行ないを見て、すなわち観察によって何事かを知る。しかも、教室で学んだことよりもはるかに多くの実感と確実さをもって知るのだ。そうして、人生とはどういうものか、社会とはどういうものか、人間とはどういうものか、自分の中で固めていくものだ。

このため、小さな地域社会のみで暮らしていれば、その地域社会の中で起きることや、それに対する人々の反応によってその人の知が形成されていくことになる。その知はもちろん、その地域社会の中では十分に通用する。しかし、その社会の外にいる人から見れば、その知は偏見の一つにすぎない。

都会人が地方の狭い社会に住む人々の考えや行動を見て田舎者だと思うのも当然のことだ。地方の小さな社会で通用している知よりずっと広い知が都会にはあるからだ。そして、その知にともなった可能性の広さにあこがれて今もなお田舎の若者は都会へと出ていくのである。

しかし、都会の知がもっとも広くて深くすぐれているというわけではない。都会の知もまた、そこに住む人々の行ないや考え、つまり都会の文化全般から生まれてきたのだから、それに見合った広さしか持っていないのだ。

都会の知だけではなく、**およそどんな知であろうとも、その知はいつも時代の枠組みの中にある**。その国のその文化が生むその時代の価値観、倫理観、志向性などに見合ったものだからである。

ちなみに、こういう知を『知の考古学』の著者でフランスの哲学者ミシェル・フーコーはギリシア語を使って**エピステーメー（知）**と呼んでいる。わたしがこれを翻訳するならば、**「時代の共通知」**とする。

「稼ぎにならないことは意味がない」というニヒリズム

ところで、そういう知はいつも人々をニヒリズムに陥《おちい》らせる可能性を含んでいる。ちなみにラテン語の「無」という意味のニヒルから派生したニヒリズムという言い方は「虚無主義」と訳されている場合が多いが、たんにすべての価値について虚無しか感じないことをニヒリズムというわけではない。

ニヒリズムの概念は思想家の考え方によってかなり幅があって、どれが正しい概念かと決めることはできない。ここでは、多くの事柄について価値を見出せなくなる状態のことを広い意味でニヒリズムとする。

では、どうして時代の知は人をニヒリズムに陥らせやすいのだろうか。たとえば、現代の資本主義的な知においては、経済的な有用性に向かうものであるならば価値の高いものとされている。次に価値づけられるのは社会的な有用性である。価値のこのヒエラルキーでは経済性が常に優先される。

このように**価値がランクづけされた状況は簡単にニヒリズムを生む。今の場合でいえば、経済性とは関係のない自分の考え方や行ないに価値を見出せないようになる。**現実の直近の稼ぎに結びつかない行動や考えは無価値とされるからだ。

もちろん、ニヒリズムが生まれるのは資本主義的な知に支配されている現代ばかりではなく、キリスト教主義的な時代や場所においてもそれゆえのニヒリズムが生まれる。

とにかく強い主義主張がその時代や場所を席巻《せっけん》しているような状況であれば、あるいはなんらかの思想が大多数から支持されているようであれば、それをきっかけにニヒリズムはいくらでも生まれてくる。

なぜならば、絶対的に見えるような強い知、権威的な主義主張の中身は無であり、その根拠はむなしいものだからだ。

政治的、あるいは宗教的な強い知でなくても、巷間《こうかん》の風潮となっているような強い知も同じく中身は無だ。たとえば、現代日本の風潮となっている長生きはよいことだという主張の知もからっぽでしかない。短命にも長命にもそもそも意味はない。

意味や価値は誰かから与えられるものではない。自分がそこに意味や価値を見出すことでしか、意味と価値を持ちえない。だから、どういう場所でも自分が「住めば都」となりうるのだし、自分が愛着する人間や動物や物や風景や記憶が自分にとって意味と価値を持ちうるのだ。

そういうふうにして、**自分が意味と価値を与えるような生き方をしていればニヒリズムには陥らない**。ニヒリズムに陥るのは、他者から何かを与えられ、その何かの意味と価値を説明され、それを信じて生きようとする場合、もしくはそうしなければ生きられない場合だ。現代においてこの典型は、イスラム教過激主義のテロリストたちだとわたしは考えている。

テロリストたちの深い虚無

彼らは全世界をイスラム教化しようとしている。アッラーこそ真の神であり、ムハンマドこそ真の最後の預言者だからイスラム教化こそ正しいのだ、という。さらに全世界の人々の上に立ったあげく世界中の人々から税を徴収したがっている。暴力と恫喝《どうかつ》を用いて改宗と税を要求するその手法は七世紀のアラビア半島で多くの戦争と闘争をくり返したムハンマドと同じだ。

世界を改宗しようとしているのだから、それは宗教的な行為のように見える。しかし、そこにあるのは宗教的な情熱ではない。自分たちの宗教の無を有であるかのように証明してもらいたいがための屈折した行為だ。

彼らが本当に宗教的であるならば、自分たちの外側にいる人々から価値を認めてもらいたがるようなことをしないからだ。実際に堅い信仰があるならば、自分たちが信じることだけで充足する。しかし彼らは、自分たちが崇敬するムハンマドのカリカチュアのたぐいを異教徒が描いたというだけで異教徒たちに熾烈《しれつ》な暴力をふるうのである。

自分たちに信仰があるならば、なぜ外側の人々がどう見ているかということを気にするのか。それは、自分たちが価値と意味があると思っている宗教的な事柄について外側の人間も同じ価値と意味を見出さなければならないと考えているからだ。

そのこと自体が、実は彼らが認める意味と価値は外から与えられることによって成り立っていることを明かしている。だから、異教徒から認められないことがはなはだ不安になり、異教徒の描いたちっぽけなカリカチュアにすら怒り狂うのである。よって、彼らの暴力はイスラム教が異教徒から認められるばかりか、最高に評価されるまでえんえんと続くことになる。

そういうテロリストたちの虚無は深い。意味と価値を見出すことを知らないから、他人を簡単に殺すことができるし、彼ら自身が自爆によって死ぬこともいとわない。戦死すれば必ず天国に行けて、天国では処女たちと性交できて酒も果物も楽しめるからと彼らは一見宗教的な理由を述べるが、その理由の裏には現在の生に意味も価値も見出していないことがある。

なぜそうなのかというと、もともとイスラム教は意味と価値を上から与える、もしくは強制するという特質を持っているからだ。彼らの宗教の名称自体がその本質をあらわにしている。すなわち、イスラームとは「絶対服従」という意味だからだ。

また、イスラム教の聖典コーランでは、あらゆる人間のすべての行動はあらかじめ天の書に記されていると教えている。何が起きてもアッラーの思《おぼ》し召しなのだ。彼らは明日の自分の行動についてさえ、「インシャラー（神の思し召しのままに）」と言う。自己責任はなく、いっさいがアッラーの計画通りに行なわれるだけなのである。ただし、アッラーの計画が何かはあらかじめ知ることができない。

こういう教えにおいて、人は自由意思を持たないし、結果責任を持たない。人は天の書に記された運命に服従するしかないのである。だから、この教えを信じこむ者はみずから何かに意味や価値を見出すことができなくなる。これが徹底したニヒリズムでなくて何であろうか。

イスラム教徒の生活全般においても意味と価値は上からのみ与えられる。たとえば、洗顔から性交にいたるまで、いっさいのこまごまとした動作や手順についてもムハンマドの行ないと同じように行なう。ムハンマドのその行ないは第二の聖典ハディースにくわしく書かれていて、それを部族長たちが一般教徒に教えるのである。男性教徒の多くが髭《ひげ》を生やすのもまたムハンマドの風貌への倣《なら》いである。

本を読むことが武器となる

こういうニヒリズム、つまりみずからが意味と価値を見出さないがために起きるニヒリズムは何もイスラム教だけではない。今でも世界中にあるし、各家庭の隅にもある。日本においても、政府が大きくなり、道徳や個人の生き方にまで口を出すならばニヒリズムに陥る人がいっそう増えるだろう。

しかし、このニヒリズムを打開する方法はある。その確実な一つは本を読むことだ。なぜならば、**本を読むことはその本に書かれていることを鵜呑《うの》みにする（鵜呑みにすれば、やがてはニヒリズムに陥る）ことではなく、その文章からなんらかの意味や価値を汲《く》みと**

るという積極的な行為だからだ。

もちろん、同じ本を読んだとしても、各自の環境や生き方によって意味の汲みとり方はちがう。しかし、読むことで少なくともみずから意味と価値を汲みとる練習ができるのである。また古今東西のさまざまな書物を読むことで、さまざまな知識や価値観を知り、現在の状況からの活路への手がかりとすることができる。

つまり、**何も定められているわけではないことを多くの読書を通じて知ることで、わたしたちは自分にとっての新しい意味と価値を日常のあらゆることに自由に見出すことができるようになる**わけだ。それがすでにニヒリズムの克服の第一歩ともなるのである。

読書を通じての変身

「大人になる」とは、「ものの見方が変わる」こと

本を読むと、人は変わる。なぜだろうか。何が人を変えるのか。書物から汲みとられた知識が人を変えてしまうのか。そう見えるし、そう思われている。

しかし、確かに本からの知識は当座の考え方になにがしかの影響を与えはするだろうが、人柄をまったく変えてしまうほど強くはないだろうし、長続きもしないだろう。

本を読むことによって人が変わる、人格が変容するというのは、その書物によって、認識、つまり、ものの見方が以前よりずっと大きく変わってしまうからだろう。

そもそも、人間は生涯にわたって認識を絶えず変え続けていく生き物ではないか。誰であろうとも、過去の自分と現在の自分では認識がだいぶ異なる。たとえば、以前はおもしろかったものが今ではさほどの興味も覚えない、ということがある。これは認識が変わっ

たからだ。

自分はいつも変わらず昔の自分のまま、ということはほぼありえない。もし認識の変化があまりにも乏《とぼ》しかったり、その変化が常人の年齢に比して相応でない場合は「大人のくせに子供っぽい」とみなされる。だから、**「大人になる」とは、認識が変わることの言い換えでもある。**

一冊の書物で変わる人、一〇〇冊を読んでも変われない人

本を読まない人の場合はどうか。その人は動物と同じように、経験によって認識を変えることになる。

「経験しないやつにはわかるまい」と言う経験主義者の人がいるものだが、それはあまり説得力がない。自分一人では経験の質も数も限られている。寿命は限られているし、そのうちの一つひとつの経験が身につく期間も限られているからだ。

そういうふうに試行錯誤的に経験を積むよりも、多くの読書が役立つこともある。なぜなら、**読書もまた内的経験、あるいは内的体験のうちに数えてもいい**からだ。

読書も体験かどうかについては異論もあるだろう。けれども、もし読書が体験でないのならば、聖書を読んで回心《かいしん》するということが理解できなくなってしまうだろう。回心者のすべてが神秘を体験しているわけではないからだ。むしろ、自覚できるような特殊な神秘体験は多くはないだろう。であれば、聖書を読んでの回心は、読書による認識の変容の特徴的な例であるはずだ。

もちろん、一般的な読書も認識を変える力を充分に持っている。**一冊読むごとに人は変わっていくのだ。**

それでも認識が少しも変わらないというのであれば、それはたぶん書物から知識や筋という水面上のゴミばかりを掬《すく》っているからだ。

知識と内的力を増やす近道としての精読

多読を誇るより、一冊を精読せよ——その方法

勉強がよくできるようになる確実に有効な方法が一つある。

それは、自分の住む世界で広く通用している言語をできるだけ深く知ることだ。つまり、日本に住む人なら、まずは日本語がわからなければならない。

母国語が日本語で、その日本語がおぼつかない人が外国語なら急によくできるようには決してならない。日本語がおぼつかなければ、勉強のほぼ全分野にわたっておぼつかない状態になる。相手の言葉の全体も細部もおぼろげにしかわからないのだから、広い意味での社会生活にも支障をきたすようになる。

だから、**多くの勉強の基礎は用語や文章を理解し、文法的にできるだけ正しく理解したり使ったりすることから始まる。**要するに一般的な読み書きだ。

読み書きを生活の中で覚えようとすれば、癖の強い、あるいはまちがいだらけの読み書きが身についてしまう。そういう歪《ゆが》んだ日本語表現はテレビの中に、街の喧噪《けんそう》の中に、また素人《しろうと》が記載するインターネット上に氾濫《はんらん》している。一方、まともな日本語の表現はまともなレベルの書籍の頁の上にある。

わたしたちが生活の中で使っている言語はどうかといえば、しばしば不正確な場合が多い。というのも、生活の中で言語を使う場合は、関係者がいる状況を前提としていて、かつ相手の理解度に合わせて言葉を選んでいるので、省略や互いに通じる代名詞や隠語を多く使っても通じるからである。たまたまそばにいあわせた他人の会話の中心が不鮮明にしか把握できないのはそのためである。

そのことをわたしたち自身がすでに気づいているから、他人が読むと想定される文書を書くときはあらたまって文法的に正しい言語を使うのだ。

しかし、その際でも三〇〇文字以上の文章を短い時間で正しく書きされる人はそう多くはない。もちろんそれは書き慣れていないということもあるし、誰もが文章を書くプロというわけではないからだ。

一般的な勉強においては文章を書く力や技術よりも、まずは文章を理解する力が大きな

役割をはたす。そこに何が書かれているか、すぐにわからなければならないからだ。文章中の個々の術語や用語や名称を知らない場合でも、ともかく大意を察することができなければならない。

それは、山道で見かける「落石注意」（ちなみに、「落雪注意」は雪が落下してくるから注意せよという意味）といった看板の省略文章においても同じだ。この場合の落石とはいつか石が上から落ちてくることではなく、すでに落ちてきた石のことを意味しているのだが、その意味がわからなくても、とりあえずそのあたりは危険だという大意がわかればいいことになる。

初学者にとって書物というものはとりあえずこのように大意で理解されるのがふつうのことだ。外国映画もその程度の大意で観客に理解されているのと同じだ。なぜならば、映画の字幕はセリフの表現のニュアンスをあまりにもはしょっているし、観客は映画の前提、つまり背景になっている宗教、政治、差別、文化的闘争をほとんど知らないからだ。

だから、映画を観た場合でも自分の理解が唯一の共通理解ではないことになる。本の場合もそうだ。同じ本を読みながらも理解は百人百様なのだ。その百人の解釈や読みとりがそれぞれに個性的だという意味ではなく、内容の理解以前のかなり低いレベルにおいて異なっているだけだ。

なぜそうなるかというと、そこに日本語で記されている用語や言い回しが何をどのように意味しているか知らないからだ。知らずに意味をあてずっぽうし、そこから自分なりの理解と解釈めいたものを引き出している。Amazonのレヴューなるものはその例で満載ではないか。そもそもレヴュアー本に書かれた日本語の文章が読めていないことが少なくない。

そういうレベルのままでいくら多読しても、立ち上がってくるのは幻視でしかないだろう。ふつうは多読するほどに理解力と洞察力が増すものだ。そうならないのはやはり使われている言語の最低限の意味すら理解していないからなのだ。

そうならないようにするためには、やはり本を読むしかない。たくさん読んで読破した量を誇るのではない。とりあえず一冊の書物を、時間をかけて精読するのだ。**精読するとは、一字一句に目をとめ、そこに書かれていることすべてを知ろうとする読み方だ。**

地名が出てきたら地図を開き、人名が出てきたら人名事典を開き、知らない道具や植物が出てきたら図鑑や百科事典にあたり、言い回しや用語の意味を一つずつ調べて本の余白に書きこみ、表現の意味を調べ、総じて文体すなわち文章の特徴をつかまえ、書かれていることの思想の中核を把握し、さらには時代背景まで調べるのである。

ふつう、このレベルの精読は大学で外国文献を材料に少人数で行なうものだ。外国の大学でもラテン古典文献などを材料に同じことをする。ただし、日本の大学での精読の数倍の速度で行なうから、学生は下準備に多くの時間を使わなければならない。したがって、最後までついていける学生は三割ほどしかいない。

こういう精読は優秀な指導者の下で行なわれなければならない、ということはない。自分一人でもできる。もちろん、最初は一日に十行から数十行くらいしか進捗《しんちょく》しないだろう。しかし、その鈍い歩みは最初の一、二カ月だけだ。すでに調べた知識の蓄積と後押しによってだんだんと加速し、半年から一年くらいで一冊の書物の精読が終わるだろう。

たとえば、オットー・ボルストの『中世ヨーロッパ生活誌』（永野藤夫他訳、白水社）を自分一人で精読するときにはどのように行なうのか、簡単な例を出しておこう。その本の最初の章の数行は次のとおりだ。

「現代的な――そして古代ギリシア・ローマ＝ヘレニズム的な――意味での個人というものを中世は知らないのである。それは中世文学が悲劇を知らないで過ごしたということで充分わかることとである。個人が神的人間的な秩序からはずれるところでのみ、宿命的で悲劇的な罪を持つ対立が浮かび上がってくるのである。中世という時代は、キリスト教的、教会的な平安秩序と救済を確信しているという点で、悲劇とは無縁である。受難劇のクライマックスは犠牲としての死ではなく、キリストの復活の場面である」

この数行の文章の核は、「中世には個人という概念がなかった」ということだ。

しかし、この部分を読むわたしたちそれぞれがここに記されている言葉、「ヘレニズム的」「悲劇」「神的人間的な秩序」「キリスト教的、教会的な平安秩序と救済」「受難劇」「犠牲としての死」「キリストの復活」についてよく知っているのだろうか。

もし、はっきりと知らないのならば、それらが何を意味しているのか一つずつ調べなければならない。それが精読の基本だ。

しかし何もそこまで知らなくても大意がわかれば十分ではないかというのならば、それは高校までのレベルでのおざなりで半端な知識を使って世界を曖昧《あいまい》に理解するだけで自分の人生は十分だと言っていることになる。

今のボルストの一節の例においては、他人に説明できるほどにははっきりと理解していない言葉のいくつかを事典などをちょっと開く程度ではすまない。

特に、「犠牲としての死」「キリストの復活」をしっかりと理解するためには安易な解説書だけではすまず、そのオリジナルである新約聖書をじっくりと読まなければならなくなる。つまり、この例文の一行か二行をちゃんと理解するためだけでもいくつもの他の本を読む必要が出てくるというわけだ。

さすがにこれは面倒なことに見える。時間もかかる。もっと他の実利的なことに時間を使ったほうがよさそうな気がしてくる。そもそも外国の宗教書を読んだところで自分とは無関係だ、とすら思えてくるだろう。

精読で、物事を貫徹させる力が身につく

それでもなお、こういう精読は多くの利益を与えてくれる。まず、**一つの物事にじっくりと取り組んで貫徹させる力を養ってくれる**。その力を持っている人は決して多いとはいえない。

おおかたの人は、何かを得るという目的、たとえば試験に合格する、資格を得る、お金を得る、といった目的で勉強をする。目的を達成するのが主眼なのだから、勉強は結局の

ところ試験に出そうな事項の理解と暗記だけになる。

そういうタイプの勉強は、勉強を目的獲得のための手段の道具にしている。それ自体はよいことでも悪いことでもないのだが、何かを学ぶことがいつも手段にすぎないという考え方になるならば、それはすでに虚無主義（ニヒリズム）でしかない。

この考え方が身に沁《し》みこんでしまうと、何をしても不満足と深いむなしさを感じるようになる。なにしろ、人生のほとんどの事柄が手段や道具になってしまうからだ。

世にはびこっているノウハウ書のたぐいはこの虚無主義をひそかに蔓延《まんえん》させているといってても過言ではないだろう。というのも、**ノウハウの通りに行なう自分自身もまた気づかぬうちに一個の道具と化してしまうからだ。**

ある程度の年齢に達した人があらためて人生の意味や目的を問うことが少なくないのは、哲学的疑問を持っているからではなく、自分に染みついた虚無主義から脱したいという気持ちが無意識的にもあり、**人生の意味を問うのは脱出したいという悲鳴なのだ。**

そういう人は、これまでコツコツと昇ってきた梯子《はしご》が見晴らしのいい高い屋根や鐘楼《しょうろう》に掛かっていたのではなく、空を暗く覆うほど手前側にそり返っているコンクリートの灰色の壁に掛かっていたことに今さらながら気づいたのだろう。自分の中に潜伏している真の欲求を無視して社会や組織の要求に応じるだけの受け身の人生を送ってくれば、おのずとそうなってしまう。

人がこういう状態に陥ってしまうのは何も現代人にのみ見られるわけではない。というのも、十二〜十三世紀に書かれた『聖杯探究』という物語にそういう虚無に染まった人間が描かれているからだ。

いくつものバリエーションがあるこの英雄譚は、騎士が多くの人々を救うという筋立てになっている。『聖杯探究』で騎士が向かうのは聖杯城である。そこの王はいわゆる不能の状態になっていた。王国で働く人々にも気概がないどころか、ただ漫然と義務的にだけ動いている。それは聖杯を失ったからだった。宝物の聖杯にはパワーがあったのである。

こういうふうに上っ面だけをなぞるとアニメのストーリーのように見える。しかし、この物語は全体が暗喩《あんゆ》であり、聖杯に象徴されるパワーの意味が重要な役割を持っている。

そのパワーは人々に力を与える特別で摩訶不思議《まかふしぎ》なものではない。そうではなく、パワーとは実はそれぞれの人が自分の内に秘めている自発性や意欲のことなのである。つまり、この国では世襲や因習というシステムに王をはじめとして臣民や人民がどっぷりと依存し、自発的に生きなかったために、国全体が活気を失ったのだった。

この鋭い指摘の暗喩は時間と場所を超え、現代人の生き方までをも示唆している。たとえば、社会に出るときにわたしたちの多くは自分の自発性を抑圧している。就職でいえば、給与の安定性と社会保障を第一に求めて仕事場や企業を選んでいるのだ。

そういう人は、本当は何をしたいのかという自分の自発性をまるっきり無視している。だから、いつまでたっても仕事を好きになれない。自分のための職だとは思わない。そうでありながら、月々の支払いや生活費のために仕事を続け、経済的に安定はしているがはればれとしない日々を送るのだ。これこそ、まさしく聖杯のパワーを失った状態と同じというわけだ。

今までの自分を精読によって乗り越える

ところで、子供は人生を問うか。問わない。なぜならば、日々の自分が成長し変化を続けていくことで手いっぱいであり、成長する自分に日々の充足を感じているからだ。もちろん、この場合の成長とは背や骨格が大きくなることではなく、自発的な行為によって、したいことをすぐさま行ない、そのつどの経験で認識や解釈が拡大していくことだ。

多くの大人にはその意味での成長がなくなっている。世慣れた大人であるほど自発性が少なく、ただ生活のための賃金を得るために自分を器用に道具化しているからだ。

そういう大人たちはブレのある旧式の機械に似ている。従業員として同じことをし、似たような手段を用い、同じような反応をし、日常のルーティンを安定だと思いちがいし、体調によって気分や感情にだけブレがある。それは質の不安定な道具のようなものだ。だから現実に、作業のある部分が精巧な機械にとって代わられたのだ。

自分が道具にされている自覚のない人は何に対しても安易にノウハウを求める。出世のノウハウ、小商いで成功するノウハウ、お金儲けのノウハウ、人間関係が上手くいくノウハウ、病気にならず健康でいられるノウハウ、幸福のノウハウ……。

ノウハウを求めるのは、とにかく手っ取り早くすませようという気持ちがありつつ、何をするにも特別な方法やコツというものがあるにちがいないという錯覚を抱いているからだ。ノウハウさえわかれば、誰にでもできると思っている。コツや方法がそれぞれの能力や人格と密着したものだということにも思いおよばないのだ。

何をどうすればこうなる、という恒常的な結果が得られるノウハウは単純に機械的作業にしかあてはまらない。もちろん人間が関わるどんな小さなこともそんな単純なものではないし、恒常的な結果が得られることもない。

それなのにノウハウ書が流行するのは、物事に関わる場合は相応の手順があるのがあたりまえだという信仰があるからだ。おそらく、この妙な信仰は学校教育で培《つちか》われてきたものだろう。つまり、どの問題にも一つの正答があり、解法の手順が定められているという教育がすべての科目において行なわれてきたからだろう。

とすれば、政府の省庁の目論見《もくろみ》は充分な結果を得たというべきではないか。なぜならば、物事は型通りにのみ処理すべきだとくり返す教育は、従順な従業員や公務員を育てるのにもっとも好都合な訓練だからだ。だから、多くの人は自分たちが場合によって消費者や納税者と呼ばれても、それが侮辱《ぶじょく》だと思わない感性になってしまったのだ。

そもそも、このような政府官僚の目論見と教育方針自体が虚無主義である。そして彼らの目的はただ一つ。税金で自分たちが安泰に暮らし生活を保障されることだ。だから、彼らは納税という言葉を使い、払税という言葉を用いない。国民主権は名称のみである。

そういう姿勢の体制から教育されて生まれたのが何事もノウハウで処理できると考えるような従業員であり、自覚がないけれども実は心に虚無感を抱える人々なのだ。したがって、その虚無を埋めるために多くの快楽を自分の外に欲しがる。

ノウハウを求めるそういう人の大きな特徴として、かつて一度も独力で何事もなしえていないということがある。**何事かについて独力で高いレベルに達した経験がある人ならば、ノウハウなど絵に描いた餅にすぎないということがすでによくわかっているはずだ。**ノウハウが有効だというのならば、たとえば熟練工のスキルをノウハウ化できるはずなのだ。

そういった意味において、**たった一人で始めていく精読はこれまでの自分の安易で自発的でなかったやり方や考え方を否定していく行為になる。**ノウハウもなく、目標もなく、独りで暗がりを歩く道行きである。報酬もない。だから、徒労や浪費に見えるかもしれない行為だ。

それでもなお、精読には意義がある。というのも、これまでにしたことのなかった精密な読み方をすることによって今までの自分を大きく乗り越えて新しい自分をつくることができるからだ。

今までの自分とは、何かに頼って道を敷いてもらっていた自分、決まった材料をあてがわれて工作していたのに創造をしていたと思っていた自分、何事にも範例や正解や正統やベストがあるのが当然だと思っていた自分、片手間でも何事かをものにできると思っていた自分、総じて世間的な自分である。

語彙を増やすということは、多様な武器を手にすることだ

一冊の書物をできるだけ精密に読んでいくだけで、どうしてそこまで自分を変えることができるかというと、精読が多くの知的経験と多くの発見をもたらしてくれ、そのことで自分の認識がまったく新しくなるからだ。

まずは言葉だ。精読の際に辞書や事典を引きながら言葉の意味を知ることによって語彙《ごい》が飛躍的に増えるようになる。**豊かな語彙はすぐさま思考力を拡大させる要素になる。**なぜならば、人はイメージと言葉によって考えるからだ。

語彙によって広くなった考え方を持つということは、以前よりはるかに多くの可能性を持つことにすぐつながっていく。物事を多面的に見ることが容易になるし、だから以前より多くの対処方法や解決を見出しやすくなる。語彙が多いのは、多様な武器を手にすることと同じなのだ。

みずからの興味に応じて自発的に辞書や事典を引いて調べて理解した言葉や用語はもっ

とも抵抗なく記憶されやすい。一方、学校などで教えられた言葉や用語はなかなか頭に入りにくい。教師から半ば強要される形で受けとらなければならない言葉だからだ。

世に名を残すような人がしばしば学校教育のシステムになじまなかったというのはここからわかる。彼らは自発的に摑《つか》むことはするが、他から一方的に与えられることを喜ばないからだ。

学校教育で優秀とされる生徒の態度はその逆で受動的だ。与えられるものを疑問もなく鵜呑みにし、自分からは摑みにいかない傾向がある。そういう人は、ゆくゆくは組織に仕える人間として有能とみなされる。ただし、その際の有能とは組織にとってはなはだつごうがよい道具だという意味なのだが。

精読の基本として書物の中に使われている言葉や用語の一つひとつを調べたうえで文章を読んでいると、ぼんやりとした理解のままに読んでいたときとはまったく別の意味を持つ新しい文章が立ち現われてくるのが実感できる。

あるいはまた、日常で気軽に使っている言葉、たとえば、正義、平和、愛、同情、真理といった言葉が、その書物の中では世間一般とは別の意味で、あるいはより深い意味で使われていることもわかるようになる。

たとえばゲーテの晩年の有名な戯曲作品『ファウスト』においては、女性という言葉はたんに片方の性別を表わす意味ではなく、人間を救う全的な愛(アガペー)を強く意味しているといった具合だ。

そんなことがわかってどうなるか。確かに、明日からのいくばくかの生活費を稼ぐ用には役立たない。しかし、世界を変えることには大いに役立つのだ。

世界を変えるという今の言い方は暗喩でも過剰な表現でもない。なぜならば、自分の眼前に広がる世界のありようとその意味は、自分の知の量と深さが形成する認識の仕方によっていくらでも変わりえるからである。

それは世界の再発見であると同時に、自己の再発見にもなる。見えてくるものが変わるのだから、それにつれて確実に自分も変わり続ける。ふつうに本を読んだ場合でもこの変化は生じるのだが、精読はこの変化をさらに強く激しくするのである。

精読のための書物に何を選んだらよいか

精読のための書物はどんなものでもかまわない。どういう本を精読したとしても、文中の語句や表現の意味を知るために結局は広範囲の多くの本にあたらなければならなくなるからだ。

このように一語ずつ丹念に調査して読んでいく精読は、亀の歩みに似ていて能率的なことではないと思えるかもしれない。もっと効率的に、あるいは多くの知識を与えてくれるような良書をいくつか選んで読書するほうがましではないかと思うかもしれない。

では、もし一〇〇冊、いや五〇冊の良書とされる古典を精読せずにふつうに読んだとしよう。もちろん、感動、発見、驚き、知識は得られるし、特別な体験でもある。ぜひとも若い人たちは稼いで身内を養わなくてもいい時期にこの体験をしておくべきだろう。今後はその読書体験がいろんな場面で大いに役立ってくる。同じことは大人にも言える。

ただ、**調査なしのこの読み方には大きな弱点がある。それは、その本を読んだ時点での自分の世界観と同レベルの部分しか読んでいない**ということだ。別の言い方をすれば、自分に呼応するものしか書物から読みとることができないのだ。

たとえば、新約聖書を読んだとしたら感動するかもしれない。あるいは逆に、物理的にどうしてもありえない奇蹟や奇妙な言い回しに辟易《へきえき》するかもしれない。そして、その書物に対する自分の印象であるにもかかわらず、その書物そのものがそういうふうな本だと思いこんでしまうのである。

その本に対してどういう印象を持つかは読者の知識と知見による。したがって、**生き方や年齢につれて理解や読後感が変わる**ことになる。

ドストエフスキーの有名な小説『罪と罰』にしてもそうだ。誰もが一様に『罪と罰』を高評するわけではない。キリスト教の異端的な思想のオンパレードだと読む人もいるし、人間心理をえぐった傑作だと感じる人もいるし、全体的にグロテスクだと思う人もいる。

もちろん『罪と罰』だけではなく、他のさまざまな書物についても持つべき感想の正誤というものはない。おおかたの人はしかし、自分の読後感こそがまっとうなものだと思いこむことが多いのだ。しかし実際には、貧しい読みとりをしているだけにすぎない。

それは知識と知見が少なく、かつ偏向しているせいなのだが、精読はこれを補うのだ。つまり、とにかく一冊の書物を精読することによって知識を急速に増やし、二冊目の書物を読むときの知識不足を補うのである。

一冊も精読することなく、二冊目を読んだ場合はどうなるか。一冊目と同じレベルの貧しい読みとり方に終始する。だから、**たくさんの書物を読んだからといって、多くの知識を吸収したというあかしにはならないし、書物を誤読し続けてきた可能性も少なくないの**

だ。したがって、所蔵書籍の多さは自慢にならない。

覚える努力が不要になる

そういう一般的な読書よりも精読が有意義なのは一つひとつの知識を確実にし、その知識を他の知識と有機的に結びつけることができるからだ。たくさんの書物を精読せずに読めば、その書物と他の書物との間の影響関係などを知らぬままでいるしかないし、ただただ多くの個性的な著者が各時代に存在していたと思うだけになってしまうだろう。

たとえば、マルクスの『資本論』をただ読むだけならば、その熱意、激しい口調の文章、斬新な世界観に唖然《あぜん》として、天才的な著作だと思うだろう。しかし、精読すれば、マルクスがいかにヘーゲル哲学から援用した世界観を曲げて使っているのかわかるのだ。

ショウペンハウアーの短い論を精読するならば、調査しながら読んでいるうちに、ショウペンハウアーの思想がゲーテ、ニーチェ、ヴィトゲンシュタイン、ヘッセにまで連なっていることが容易にわかるし、また、彼らの思想の根源がリグ・ヴェーダにあることまでもわかってくるようになる。

このようにして有機的にわかるというわかり方は、学校教育でなされているやり方でのわかり方とまったくちがう。今の場合でいえば、学校教育では簡単な解説と思想の系統図で各人が結ばれるような説明で終わるだろう。それは無機質な模様のようなものだ。だから丸ごと暗記しなければ頭に入ってこない。**しかし精読しながら自分で調査すれば、覚えるという努力なしに、深い理解とともに自分の中に刻みこまれるのだ。**

要するに、精読というのは個々の書物という一本の枝への凝視から思想や文化としての樹木全体への俯瞰《ふかん》をする読み方なのである。だから、もっとも面倒に見えながらも、実際にはとても要領のいい読み方だともいえるのだ。

たった一度でも一年をかけて精読をするならば、次に読む本からは精読しなければならない箇所がとても少なくなる。せいぜい、その著書の独自な思想についての調査が必要になる程度だ。

しかも読むスピードがとても速くなる。よって結果的に、いつまでも一般的な読み方をしている人よりも多くの正確な知識を短期間で吸収できるようになるのである。

偏見で読まないために

三つの偏見

わたしたちはいつも今の自分を中心にして物事を考え、判断し、それをおおむね正しいとしてしまう癖がある。

本を読むときは、この癖がさらに拡大する。その結果として、自分が持っている現代の世間的常識、知識などの知的尺度をあてて本の内容や著者のレベルや人間性などを一方的に判断してしまうことになる。

私が書いた『超訳 ニーチェの言葉』についてインターネット上でたくさんのレヴューやブログが書かれたが、それらの中に「ニーチェはこんなに立派な言葉を残したのに、最後は精神を病んで死んだというのはなんという悲劇だろう」というような感想が散見された。

そういう感想を持った人たちは、狂人になって死ぬことは悲惨だという価値観をふだんから持っているわけだ。しかし、どんな人でも死ぬときは病気か事故か殺人（自殺は自分という人間を殺すのだから殺人に含まれる）でしかないのだから、死に方に価値の上下などあるはずもなかろう。

自覚をしないまま自分の価値観を中心に据《す》えて本を読むならば、当然ながら自分の知識の範囲内のみでの解釈になっていく。

そうすると、外国人がHarakiri-suicideと考えるように、武士の切腹を自殺だと安易に解釈したりする。実際には切腹は自殺などではなく、武士だけに赦《ゆる》された刑罰としての切腹、あるいは身の潔白を証明する手段としての切腹だった。

読む本の内容が自分の経験と知識になかったものだったりしたら、ことさら難解なものになる。たとえば、新約聖書に出てくる有名なフレーズ「右の頬を打たれたら、他の頬も差し出しなさい」は理解できないだろう。一度殴られたあげく、なお殴られなさいという要求は不可解すぎると思えてしまうからだ。あるいは、これはマゾヒズムの教義ではないかと誤解してしまう。

この場合の「右の頬を打たれる」ということは、相手が右の拳《こぶし》の甲を振り払って打つ形になる。これは殴る方法の中でも最大の侮辱を意味する形である。よって、このフレーズは「相手の侮辱をも赦すようになりなさい」という諫言《かんげん》を意味していることになる。同時に、ふつうなら憎むべき場合でさえも、どんな相手をも愛することができるような圧倒的な愛を持てという厳しい指示にもなるのだ。

つまり、日本語で書かれた本だから、あるいは日本語に翻訳された本だからという理由だけで、読んでまともに理解できているとは限らないのだ。

その理由は、自分の考え方や判断があまりにも自分の現在の身の回りの状況に即しているために狭すぎるということもあろうし、その他に別の時代の風習や考え方についての知識がまるっきり欠けているということもある。

もう一つ、自分自身がある特定の主義主張に凝《こ》り固まっているならば、どんな本を読んでも特定の主義主張の観点や価値観からしか理解できなくなるのは当然のことだ。

たとえば古い意味でのフェミニストを自認する人が聖書の創世記の次のような部分を読

むと、どういう理解になるか。

「主なる神は言った。

〝人間が一人きりでいるのはよくない。私は、彼に似合った助け手を与えよう〟

…（中略）…主なる神は人間を深い眠りに入らせた。人間は眠りに入った。神は人間のあばら骨の一本を取りだし、肉をもとのように閉じた。主なる神は人間から取りだしたあばら骨で女をつくって、それを人間のもとに連れてゆかれた。

そのとき、人間は言った。

〝さて、これこそ、わが骨の骨、わが肉の肉。これを、女（イシャ）と名づけよう、男（イシュ）から取りだされたものなのだから〟

だからこそ、人間は父母を離れて、女とともになり、二人は一体となる」（フェデリコ・バルバロ訳）

女性は昔から差別されてきているという固定観念を持つ人がこういうくだりを読むと、これが聖書における性差別の証拠だと受けとるだろう。「女性は男の肋骨《ろっこつ》からつくられた」「しかも、男のヘルパーとなるためにだ」というわけだ。

こういう理解は、すべてを特定の主義主張からのみ見て自分の固定観念に結びつけようとするたぐいの誤読の一つでしかない。特に、この翻訳にある「助け手」という表現がお手伝いとかヘルパーとか補助的手段という意味あいでしか理解できず、そこに支配と服従という構図を連想して上下があるかのような印象を与えるのだろう。

助け手と訳された古代ヘブライ語は「エーゼル」だが、この言葉に隷従的なニュアンスはない。聖書では、神が人を手助けするときもエーゼルという言葉が使われているからだ。

つまり、助ける女が従属的だということではなく、男と同等の立場で相助けるという理解をするのが正しいことになる。

そしてまた、女性が創造されて初めて人間は男性となったというのだから、男性の存在は女性の存在を必要としているわけだ。この相対的な関係はやはり女性差別などとはいっさい結びつかない。

手ぶらで読まない

これまでいくつか代表的な例で出したさまざまなレベルでの誤読や偏見による読み方を

少なくする方法は、誤解しながらもさらにたくさんの分野と種類の本を読み進めていくことでしかないだろう。

するとそのうちに、以前に疑問だった箇所や誤読していた箇所のまともな意味がようやくわかるようになったり、疑問が氷解したりするからだ。それはいわば知識のアハ体験ともいえるだろう。アハ体験というのは英語圏でのa-ha! experienceを訳したもので、論理を経由していない突然のひらめきによる理解のことだ。

この多読と並行してどうしても必要なのは**手ぶらで読まないこと**、つまり、各種の辞書類、歴史地図、歴史年表、百科事典や専門の事典などをそのつど開いては確認しながら読むことだ。そのうえで、注解書や解説書や時代考証の本もあわせて読む。これをしないと、ずっとつまらない誤読が続いていくことになる。

そういうふうな読み方をしていくと、まず忍耐力がつく。そして、ある日ふと自分の抱いていた常識と知識が崩れさりつつあることに気づくだろう。そこから、本当の実りある読書の第一歩が始まるのだ。

新しい発想を生みたいのなら

凡庸でいたくないなら

凡庸でいたくないなら、次々と新しい発想を生まなければならない。

発想を生むためには刺戟《しげき》が必要となる。この世に存在するあらゆるもの、あらゆる事柄が刺戟となるはずだが、それは誰にでもあてはまるというわけではない。なぜなら、感性が鈍い状態の人もいるからだ。

感性が鈍い状態の人は頭が固い。凝り固まっている。水が凝固して氷になるためには芯が必要だ。そのことと同じように、頭が固い人は何かをまったく信じ込んでいる。その何かに向かってのみ視線と考えを働かせている。その何かの外側に眼を向けない。その態度がいわば石頭であり、融通の利《き》かないタイプの典型だ。

そこから脱して自由に柔軟に考えを広げていくには、読書がもっとも安上がりで手っ取り早い。しかもジャンルを問わない濫読《らんどく》のような読み方が効果を発する。特に自分の関心や仕事とはまったく関係がないようなジャンルのものに目を通してみるという方法がある。

異なるジャンルから刺戟を受ける

たとえば、一度も手にしたことのなかった哲学書や宇宙物理学の本をめくってみる。リラックスしながら適当に数行を、あるいは数頁を読んでみる。

すると、少なくとも今までとは異なるもの、もしくは何か斬新なことを不意に発見できるだろう。さらに、自分のこれまでの考え方をまったく変えてしまうような刺戟を受けることができる僥倖《ぎょうこう》に恵まれるかもしれない。

哲学書としては有名なヴィトゲンシュタインの『論理哲学論考』の最初の数行を読んでみると、およそ次のようなことが記されている。「世界とは、事実の総体のことだ。この事実とは、物事がそうであることと、そうでないことを意味している」

つまり、ヴィトゲンシュタインが事実とみなすものとは、「起きたこと」と、「それが起きたことによって起きなかったこと」をも含めているのだ。

わたしたちが一般的に事実という言い方をするとき、起きたことのみを指しているのがふつうだ。しかし、ヴィトゲンシュタインはその出来事の裏側をも事実としているわけだ。

こういう考え方に触れたとき、わたしたちは虚《きょ》を突かれた思いをする。その瞬間に、わたしたちは自分の従来の考え方に風穴を開けることができるのだ。

素粒子論の本もまた大きな刺戟をプレゼントしてくれるものだ。観察の方法によって素粒子が性質を変えること、宇宙の果ての両端にある素粒子が同時に同じふるまいをすることなどを読むと、この世の時間と空間は幻覚に近いものではないかという疑いがふつふつと生まれてくる。

そういう疑念などの刺戟は、世の中とはこの程度のものだという、よく抱きがちな思いこみに亀裂をつくり、この世界を真新しい眼で見ることをうながしてくれる。斬新な発想はそこから生まれてくるのだ。

一度それを経験すると、異分野の本を読むのに抵抗がなくなり、たとえばイェーツの詩を読んだとしても幼児向けの絵本を開いたとしても、新しい発想の芽を見出すことができるようになる。そうなると、もうしめたもので、本に限らず世の中を観察してもそこから発想の材料を得ることが簡単になる。

要するに、**発想は頭や能力の問題ではない。世間的な眼とは別の眼を持つことが発想を生むのである。**読書はそのきっかけを与えるものの一つにすぎないのだ。

高い本を読む

「高級なものは値が張る」の唯一の例外

もし平均額の数十倍の収入をコンスタントに得ることができるようになったら、それでもなお、ごく簡単なランチ一食分の値段と同じくらいの安い服を買うだろうか。鉛筆一本分の値段しかしない靴下を履くだろうか。

多くの人はそうはしないだろう。少なくとも数着はブリオーニやリヴェラーノ&リヴェラーノのような高級な洋服を買ったり仕立てたりするだろう。靴ならばジョン・ロブやエドワード・グリーンやオールデンを選ぶだろう。酒も高級なものを選ぶだろうし、革貼りの椅子に座ってバカラのグラスを口に運ぶだろう。

世の中の高級なもの、つまり質がよくて美しいものは決まって値が張る。ただ、一つの例外的な商品を除いて。その例外とは書物だ。

同じ価格帯の中に、質の低いものと高いものが並んでいる。一般的な小説であっても、すばらしいものとジャンクなものの値段は同じだ。だったら、なるべく質の高いものを選んで読むほうが賢明であろう。

読みづらい古典は「飛び地読み」から始める

では、質の高い本とはどういう種類のものか。それに含まれるのはまず**世界的な古典**である。一般の本と同じく古典も玉石混淆《ぎょくせきこんこう》ではあるが、長い年月を超えて読み継がれ世界的に影響を残してきたという意味だけでも重要度が高い。

ところが古典はさほど読まれていない。読みづらいからという理由が第一らしい。古典が読みづらいのは誰にとっても同じだ。

しかし、各自が自分にとってなぜ古典が読みづらいのかを知っておく必要がある。というのも、その理由がわかりさえすれば、その点を克服して読むことができるからだ。

古典が読みづらい理由はそれぞれだろうが、結局は次のようなものに絞られるはずだ。

・頁数が多すぎ、それだけの時間がとれない。
・時代背景や土台となっている前提そのものが現代とのへだたりが大きすぎる。
・あまりにも難しい印象がある。

本を読む時間については3章でとりあげる。

古典があまりにも分厚いから読みづらいというのなら、部分的に数カ所読めばいい。それは書棚に並んだ背文字しか読まないよりも数百倍マシなことだ。ただし、部分的に読んだだけの印象で全体を予想してはならない。

部分的に読んでなんとなく興味が出てきたら、その箇所がある章全体を読む。その章がおもしろかったら、他のおもしろそうな章を読む。こういうふうに**飛び地読みをしていると、やがて全体が読めるようになる**ものだ。

厚さや頁数の多さは必ずしも内容の濃さを意味しているわけではない。ナボコフの『ロリータ』のように饒舌《じょうぜつ》すぎるために分厚い場合もしばしばだ。あるいは、枝葉が多すぎるために分厚くなっている本も少なくない。

しかし、厚い本にも胆《きも》と呼ぶべき文章のまとまりが数カ所あるのだから、そこを探して読めば主張や要点がわかるようになる。日頃から本を読んでいれば、そういう箇所を探すのが手早くなるものだ。プロはそういう読み方をしている。

その古典の背景や土台思想が理解しにくいのは初学者にとっては当然のことだ。だから、最初はその古典の本文に入る前に付録の解説などを読んでおくに越したことはない。その意味で、中央公論社の『世界の名著』というシリーズは解説の他に写真や地図などが挿入されていてとても便利で親切な本だ。

そのような本の解説をあらかじめ読んでもまだわかりにくいというのならば、自分が理解できないでいる語句や用語を丹念に辞書・事典で調べる必要がある。年代や歴史的事項についてならば歴史年表などで調べなければならない。プロであっても、いちいちそういう作業をしているものだ。

まず宗教書を読む

それでもなお読んでいるものの内容がいつまでも霧がかかっているような感じがするというならば、その古典の背景に大きく横たわっているものの知識が自分に欠落しているからだ。おおかたの場合、それは**聖書やコーランや仏教経典などの宗教書の内容の知識**だ。

残念ながら、これら宗教書を短い時間で簡単に理解する方法はない。内容を上手にまとめたレジュメや解説書を読んだとしても、いつまでも隔靴《かっか》掻痒《そうよう》感がぬぐえないばかりか、ひどい場合には誤った理解が生まれてしまうだろう。

やはり、宗教書は自分で読むしかない。そうしないと、反宗教的な書物を読む場合であっても、その書物のどこが反宗教的なのかさえ理解できなくなる。同じ意味で、哲学や思想も、医学も含めた二十世紀以前の科学もすべて宗教と深く関係がある。

もっとあからさまに言えば、宗教書を読まずにいきなり古典を読むから難しく感じるのだ。逆に言えば、宗教書を少しずつでも読んでおけば古典を理解する労はだいぶ軽くなるということだ。

古典でなくとも質の高い本は現代にもたくさんある。しかし、そういう本の多くは古典的教養に土台を置いていたり、古典の考え方を背景にしてそこから発展させている。

ということは、質の高い本を読んで理解する最短の方法はまず宗教書を読み、それから古典を読むという道になる。

もし、古典を古臭いと思って敬遠しているなら、それは誤解だ。そもそも何を基準にして古臭いと言うのか。現代は最先端であり、過去のすべてを凌駕《りょうが》しているとでも言うのだろうか。

そんなふうにわたしたち現代人には高慢ちきなところがあって、それが古典嫌いに通じている。今を生きているわたしたちはともかくにもあらゆる時代の最先端にいると根拠なく思いこんでいる。

そう思いこむのは、**時間は未来に向かって一方向に流れていると決めつけているから**だろう。しかし、時間の流れについてのこの考え方はキリスト教神学に由来している。キリスト教神学では、世界の創造を起点として世界の終末まで時間が不可逆的に一直線に進むと考えるからだ。だから、誰の人生も一回限りのことになる。

そのキリスト教が浸透する十一世紀頃までの農耕社会のヨーロッパ、江戸時代の頃までの日本では、時間は循環すると考えられた。「巡り来る春」という表現があるように、去年の春が循環して今年もまたやってくるというわけだ。

本気でそのように考えている人は現代では多くはないだろう。仏教徒であろうともほとんどの人がキリスト教式に時間は一直線に進むと考えている。しかも、文化文明は時間につれて常に新しくなっていくとまで考えている。

そういう思いこみがあるせいだろう、過去のことはすべて古く、現代に通用せず、古代の人は現代人よりもはるかに劣《おと》っていたはずとも考えるのだ。こういう考えがどこかに根深くあるから、古典は古臭いとみなされるのだろう。

ならば、古典中の古典とでも言うべき聖書の中の一書「サムエルの書（サムエル記）」を我慢して読み通してみればいい。これは古代イスラエルの初代の王サウルと二代目の王ダビデが何をやったかという物語風の記録だからするすると読めるはずだ。

読んだあかつきには、まず啞然とするだろうし呆然ともするだろう。そして、キリスト教臭い聖書への印象が一変し、世界が以前とはちがって見え、これまでとはちがう考え方をするようになりつつある自分に気づくことだろう。

読書の落とし穴

論理的であっても正しいとは限らない

書物にしても、学問にしても、思想や主張にしても、それらを理解する際に大きな誤解が前提になっていることが往々にしてある。それは、「論理的だから正しいはずだ」という考え方だ。

論理的に書かれているからこそ正しい、ということはまったく保証されていない。むしろ、論理的だからこそ、正しく見えながらもまったく現実の状況にそぐわない場合もたくさんあるのだ。

では、「論理的である」とはそもそもどういうことか。それは、科学的だということではない。そうではなく、数学的だ、もしくは、文法に正しくのっとっている、ということが論理的であることなのだ。

たとえば、次のような簡単な文章はどうだろうか。

「すべての首相は誤謬《ごびゅう》を犯さない。安倍ナニガシは首相である。したがって、安倍ナニガシもまたいかなる誤謬を犯すことはない」

この文章は破綻《はたん》していない。論理的である。三段論法の通りだ。文法的にもどこもおかしな箇所はない。整然としている。

しかしながら、内容は正しくない、もしくは現実的ではない。論理的であるにもかかわらずだ。では、なぜ、正しくなく、現実的でもないとわかるのか。

ここに前提として書かれた「首相は決してまちがいを犯さない」という主張の内容が、わたしたちのこれまでの経験と知見に反しているからだ。

わたしたちは本を読んだり他人の意見を聞くとき、自分でことさら意識することなく、それがまっとうかどうかを意識することなく、自分の経験と知見に照らし合わせて正誤や妥当性を判断しているのだ。

では、わたしたちの経験と知見のおよばない事柄について書かれている場合ならばどうなるか。残念ながら、その内容の正誤や妥当性について即座に判断できなくなるのだ。

たとえば、次のような文章はどうだろう。

「世界の歴史をよく見てみればいい。戦争の連続ではないか。戦争の間にたまさかのささやかな平和期間があるものの、あとはすべて紛争、事変、戦争ばかりだ。これら戦争はいつもそれぞれ人間の種族が彼らの生活空間を求めるのが目的だった。そして、戦争というものは必ず支配と服従をめぐって行なわれるものだ。なぜならば、それこそ自然の中に最初から含まれている力、つまり強い者が勝って生き延び、弱い者が負けて滅びるという自然淘汰《とうた》の形なのだから。このようにして、人間のそれぞれの種族の自然淘汰が戦争を介して実行されるのである」

この文章は論理的である。しかし、内容は最初から最後まで正しくない。しかし、人はこのような文章を読んだり、こういった内容の演説を聞けば、いかにももっともと思ってしまいがちなのだ。自分の経験と知見がおよばない事柄だからだ。

厚顔で演説に慣れた政治家がいつまでも税金を自分の当然の収入であるかのようにして暮らしていけるのは、判断をしなければならない一般大衆が判断の材料と能力を持っていないからだ。

それはナチスが台頭した時代もそうだったし、現代でもなお変わってはいない。さきほどの戦争論はまさしくナチスが大衆にくり返し語ったものである。

それが大嘘であると見破るためには、自分で世界史を調べ、種族の意味と自然淘汰の正しい意味を調べなければならない。ところが、多くの人はそれをしないし、肩書きのある人の言うことだからおおむね正しいのだろうと考えるのである。大衆のそういう安易で投げやりな傾向を現代の政治家もよく知っている。

読書に求めるものは、正しさではない

本を読む場合もまったく同じだ。何かたいそうな肩書きの人に理路整然と述べ立てられると正しく感じられるものだ。だからきっと正しいのだろうと安易に受けとってしまいがちなのである。

どういう場合であっても、この本の論こそ正しいということはない。ある一冊の本の内容が全面的に正しい、もしくは最初から最後まで真理を述べている、ということは決してありえない。よって、本書もすべてが正確だというわけではない。

なぜならば、**本に書かれていることはいつも仮説でしかないからだ**。あるいは真理への

近似値である。それは、この世において概念通りの精確な円を描けないことと同じである。

したがって、本を読むときは正しいかどうかという基準を自分が持っても意味がない。そうではなく、**その本が自分にとって興味深いかどうか、何か新しい考え方の地平を開いてくれるかどうか、といった個人的な感性や価値観をたいせつにすべき**だろう。

読んで考えるのか考えないのか

ものを考える力を失っていく人――ショウペンハウアーの指摘

自著『頭がよくなる思考術』や『思考のチカラをつくる本』では、「本当に考えるつもりならば文字を書きつつ考えなければならない」ということを書いた。「文章を書かずにただ頭だけで考えるならば、それは本人として考えているつもりであろうが、実際には勝手な想像と妄想をめぐらせているだけだ」といったことも記した。ところで、考えるという意味をもっと広くとらえれば、本を読んでいるときも人は自覚なしに考えている。

なぜならば、文字をたどりながらも読む速さと同じく自分の頭で考えていなければ、そこに書かれていることの意味がとれないからだ。だから、**読むことは考えることの基礎的練習**になる。

もちろん、自分で考えなくても暮らしてはいける。人から命じられたことをこなしていればいいからだ。あるいはいつも前例の通りにするか、人真似《ひとまね》をしていればいい。くり返すようだがそういう人まかせの生き方をしている人は少なくない。今はこの商品が人気ですよという惹句《じゃっく》で物を売る商人がいるのは、判断力を持たずに安易に付和雷同《ふわらいどう》する人が多いのを知っているからだ。CMも同じだ。選挙運動の際に候補者の名前を連呼する手法も同じだ。

何か物を買うとき、人は迷う。迷っている間、考える。どの商品を選べば得になるのか考える。しかし、これは本人が気づいていない遊びだ。オーダーメードや高級品でない限り、どれを選んでもほぼ大差はないからだ。**それでも人は自分で考えて選んだのだと思うことに満足する。しかし、本当は選ばされているだけにすぎない。**選挙の場合もまったく同じだ。

日常にいくらでもあるそのような疑似思考に比べれば、本を読むことは本当に自分の頭で考えることだ。にもかかわらず、本を読んだためにかえって考えなくなる人もいる。それは、**本に書かれていることを正しいと信じる人**だ。また、本の中で展開されている**著者の考えを自分の考えとすっかり混同してしまう人**だ。

そのことについて、ショウペンハウアーは次のように辛辣《しんらつ》に書いている。
「……読書の際には、ものを考える苦労はほとんどない。自分で思索する仕事をやめて読書に移る時、ほっとした気持になるのも、そのためである。だが読書にいそしむかぎり、実は我々の頭は他人の思想の運動場にすぎない。そのため、時にはぼんやりと時間をつぶすことがあっても、ほとんどまる一日を多読に費やす勤勉な人間は、しだいに自分でものを考える力を失って行く。……(中略)……絶えず読むだけで、読んだことを後でさらに考えてみなければ、精神の中に根をおろすこともなく、多くは失われてしまう」(『読書について』斎藤忍随訳)
ショウペンハウアーがわざわざこう書いたということは、今から一五〇年前のフランクフルトの読者の状況がそうだったということだろう。確かに現代人であっても、数冊の書物しか読んでいないならばそういう錯誤《さくご》は温存されてしまう。
しかし、さらにさまざまな分野の書物をも渉猟《しょうりょう》するようになれば、しだいに特定の書物の論を鵜呑みにしないようになる。したがって、人間を知るために多くの人を見なければならないように、できるだけ多くの分野の古今東西の書物を開いて読んだほうがいいということになる。

世界文学の効用

大衆小説はマーケティングの産物

一般的に小説は娯楽の一つだと思われている。そして娯楽は人間としての生活を豊かにするものだとされてはいるが、生活にどうしても必要なものではないとみなされている。特に行政側はそう判断していて、そのことがもっともあからさまになるのは戦争時だ。過去の各国の戦争時を見てみればわかるように、小説はもちろん、歌舞音曲《かぶおんぎょく》と芸術は大幅に制限されてきた。国の緊急時に娯楽は不必要であり精神を堕落させるという論理をどの体制も使ってきた。

現代、巷《ちまた》には娯楽が溢《あふ》れている。小説はその中でも地味な娯楽のほうだろう。それでも娯楽小説がたくさん売られている。推理小説、時代小説、ホラー小説、SF小説、恋愛小説、官能小説、ライトノベル……。いわゆる大衆小説が娯楽としての小説だ。そして、こういった大衆小説は文学の中でもレベルが一段低いものとみなされている。

なぜ大衆小説はレベルが低いのか。その理由は明らかだ。大衆小説は読者に迎合する姿勢で生産されるからだ。読者が興味を抱く題材を扱い、小説の登場人物たちは読者とほぼ似たような感性や考え方をし、読者を安心させたり感動させたりするような終わり方をするのである。

つまり、大衆小説は意図的に読者の心理や生き方に合わせているという意味で、マーケティングの成果としての商品なのである。商品であるから、より多く売れれば目的が達成されることになる。商品だから消費される。そして資本主義的経営のために次々と新商品がつくられる。

そういう大衆小説が娯楽のための商品として有効な時間は長くはない。時代が変わればすぐに読まれなくなる。なぜならば、その時代を生きている人々の感性と考え方に合わせた書き方がされているのだから、時代の変化によって多数の人の娯楽として不十分になるわけだ。たとえば、十九世紀初頭のベストセラーだった十返舎一九《じっぺんしゃいっく》の『東海道中膝栗毛《とうかいどうちゅうひざくりげ》』がもはや現代人の娯楽の読み物ではないように。

普遍的な人間性を描いている世界文学

ところが、時代が大きく変わってもいまだに読み継がれる文芸がある。たとえば十九世紀のほんの一部をとってみても、『親和力』（1809）、『グリム童話集』（1812）、『高慢と偏見』（1813）、『フランケンシュタイン』（1818）、『黒猫』（1843）、『嵐が丘』（1847）といった作品群がそれにあたる。

今もタイトルが広く知られている有名なものとしては、『赤と黒』（1830）、『ファウスト』（1832）、『カルメン』（1845）、『椿姫』（1848）、『白鯨』（1851）、『レ・ミゼラブル』（1862）、『不思議の国のアリス』（1865）といったものだろう。これらはいわゆる世界文学と呼ばれるものだ。

世界文学が時代や文化を超えていつまでも読まれるのはなぜか。その時代の人々の心理や考え方に意図的に合わせて書かれた娯楽向けの商品ではないからだ。そしてさらに、世界文学には人間そのものが、すなわち**普遍的な人間性が描かれている**からである。その普遍性が時代と文化を超えるのだ。

重厚長大で高尚な文芸作品が世界文学なのではない。ストーリーに秀逸さがなく単調であっても、短い小品でも、描かれていることが奇怪でグロテスクであっても、普遍的な人間性が存分に描かれていれば世界文学なのだ。

たとえば、ジェイムズ・ジョイスの『ダブリン市民』（1914）は短い小説の集まりだ。その中の一つ「イーヴリン」は九頁たらずしかない。その構成も複雑ではない。

イーヴリンは恋人のフランクと手をたずさえて故郷のダブリンを離れブエノスアイレスに渡航して新しい人生を始めようとしている。そして窓際で懐《なつ》かしい通りを眺《なが》め、あれこれと過去を思い出す。こんな町にずっといて母親のような不幸な人生は送りたくないと思うし、フランクは幸福の他に愛の救いをも与えてくれると確信する。それなのに実際に埠《ふ》頭《とう》の雑踏の中に立ち、今しも乗船しようとするときにイーヴリンは突然に心をひるがえしてしまうのである。

「彼女は追いつめられた動物のように立ち尽くしたまま、白い顔を男に向けた。その目には愛のしるしも、別れのしるしも、彼を認めるしるしも浮んではいなかった」（高松雄一訳）

このイーヴリンの突然の翻意には理性で理解できる理由というものがない。それでもなお、リアルな人間がここにいるということを読者は否応《いやおう》なく感じてしまう。なぜなら、わたしたちもイーヴリンと同じだからだ。**言葉で整然と説明できるような理由だけで人は動くわけではない**。もっと深い場所にある何か動物的な衝動が人を左右しているのを人はあらためて感じるのだ。

その不可思議さは学者によって分析されるようなものではない。摑みどころがないけれどいつもそこに現前している得体の知れないものだ。それなのにわたしたちはその存在を忘れてふだんは平然と生きていて、文学という形でありありと差し出されたとき、わたしたち本来の人間の神秘的な深さに気づかされるのである。

心の不思議を見つめること。それは、あらゆる知性に必要な人間理解の基礎

おそらく、資本主義的世界にいるわたしたちは自分という人間を十全に生きてはいないのだろう。それどころか、フェイクな生き方をしているのだろう。

毎日の仕事はしばしば抽象的で部分的で技術的だ。仕事を通じて多くの人と関わりあうのだが、心から関わっているわけではない。相手の役割と地位と力量に応じた駆け引きの

範囲でのみ関わっている。その場合、相手の人格は度外視される。なぜならば、仕事の中心は経済であり、結果的にできるだけ多く集金することだからだ。

個人的な生活においても、お金によってほとんどのことが解決され処理される。癒《いや》しや楽しみでさえ売られている。さまざまな種類の楽しみを買うことがふつうなのだ。このようなわたしたちは水族館で養われている魚のようなものかもしれない。つまり、なにもかもが経済的で人工的だということだ。

こういう生活をわたしたちは本当にまともだと感じているのだろうか。自分がここに生きているという実感を日々持てているのだろうか。あるいはそうではなく、動物らしさをも含んだ人間としての感性がないがしろにされているような不快さをなんとなく感じているのではなかろうか。

もちろん今ここに書いた「まとも」とか「動物らしさをも含んだ人間としての感性」など内容がすこぶる曖昧な言葉だ。しかし、わたしがそういう曖昧な言葉を使ってでも示したいのは、この人工的で経済中心の生活の中でわたしたちはほとんど人の心に触れていないということだ。

わたしたちは毎日のように心を働かせているように思いこんでいるが、実際にはどうだろう。物事の変化や相手の挙動に対してそのつど感情的に反応し、さらにはあれこれ損得勘定をしているだけではないだろうか。心をかよわせるという表現が事実上の死語になっている状態ではないのだろうか。

だから心理学が必要になるというわけではない。新しい学問とされる心理学が扱う人間心理といったものは実験用の清潔なシャーレの上の一般的な心だ。いわば、顔と体のない心だ。そこには個々人としての人間はいない。

人の心の多彩さや変容の不思議を見つめるためには、心理学の勉強よりも世界文学を読むほうがずっと役立つのではないか。世界文学で描かれている人の心こそ生きている虚飾やごまかしのない人間個人そのものの心だと思うからだ。

極端な表現であることを承知で言えば、人生も人間もこの現実世界においてはかなり希薄なのではないか。その一方で、人間と人生は世界文学の中にぎゅっと凝縮されている。

というのも、現実世界に生きている多くの人は金銭でおおかた解決できる程度の苦悩しかしていない。全身で喜ぶのではなく脳の化学反応や損得勘定のレベルでしか喜ばない。死や別れや愛が切実ではなくなっているからだ。

であれば、わたしたちはこの現実に生きていながらも、薄められた、あるいは紛《まが》い物の人生を体験しているのではないか。

一年前のパリコレで発表された衣服に似せた廉価《れんか》版を身につけ、本物の味に似せた料理を本物だと思い、税金を食い物にする連中によって恣意《しい》的に定められた法を最低限の倫理だと誤解し、因習化している集金行事を伝統的な宗教行為だと思い、子供を育てたり家を建てたりするのがまっとうな人生だと思っている。こういう生き方はフェイクではないだろうか。

フェイクを生きているからこそ、文芸のフェイクである大衆小説をおもしろがるのだろう。大衆小説は意図と効果と論理で書かれているからだ。その商業的な世界においては何事にも、愛やセックスや裏切りにさえも明白な理由がある。だから、推理小説の殺人犯にしても本物の殺人犯とは比べものにならないほどの薄っぺらな人形なのだ。

だからといってわたしたちはもはや現代の人工的なフェイクをすべて捨て去ることはできないだろう。しかし世界文学を読むことで人と世界の深淵《しんえん》にひそむ神秘を知り、本物の畏怖《いふ》を感じることができる。それが、**あらゆる研究と知性にどうしても必要な人間理解の基礎になる**のではないだろうか。

知識や効率ではなく自分のために読む

ヘッセの読書論――目的は、おのれ自身を知ること

小説『デーミアン』や『荒野の狼』を書いた詩人ヘルマン・ヘッセ（1877～1962）は、「世界文学文庫」（岡田朝雄訳）という小論で世界文学を読むことについてこんな見解を述べている。

「世界文学に対する読者の生き生きとした関係にとって重要なのは、とりわけ読者が自分自身を知ること、それとともにまた、自分にとくに感銘を与える作品を知るということであって、何らかの基準あるいは教養の計画などに従わないということである。……（中略）……ある傑作が非常に有名であり、それをまだ知らないのは恥ずかしいからというだけで、それを無理に読むのは、大変な間違いである。そうするかわりに、誰でも各自の性質にふさわしい作品でまず読むこと、知ること、愛することをはじめなくてはならない」

ヘッセのこの読書論が独特なのは、**本を読む最初の目的がおのれ自身を知ることだ**というのが中心だからだ。一般的な読書論は、本から知識をいかに手早く吸収するかということに眼目が置かれている。ところが、ヘッセにとってそれは最初の目的になっていない。なぜヘッセがそういう持論を展開するかというと、世間の多くの人は自分自身を知らないでいると考えているからだ。ヘッセのその考えはしかし、おおむね正しいのではないか。なぜならば、自分自身を知らないがために悩んだり苦労したりしている人が実際に少なくないからだ。

この場合の「自分自身を知る」という言い方は、何かとてつもなく深遠なことを意味しているわけではない。**たとえば、自分が本当は何を欲しているかを確かめることが、自分自身を知ることの重要な一つなのだ。**

自分が何を欲しているのかということを、たくさんの経験と人間関係を通してわかってくる人もいるだろう。度重なる挑戦と手痛い失敗によって学ぶ人もいるだろう。自分の得手と不得手を見極めてようやくわかる人もいるだろう。

あるいは、本を読むことによって自分の生き方を知る人もいるだろう。そういった場合に、世間のそのつどの風潮に沿っている流行本ではなく、普遍的な意味を含んでいるために古典として読み継がれている世界文学が役立つということなのだ。

貨幣が多くの場所で価値を持つようになった現代において、人は価値を混同しがちになっている。自分のしたいことを金銭の価値で換算しても、それがまったくおかしなことだと気づかない愚《おろ》かさが蔓延《まんえん》している。

いや、こういうカテゴリーエラーとでも呼ぶしかないおかしな金銭換算を率先して行なっているのが政府や公務員なのだ。彼らは税金を使って真顔で、専業主婦の労働がどれだけの賃金に相当するかを計算して発表しているくらいだ。それと同じことを国民は真似をしている。

何事も金銭に換算できるという考え方がいかにもあたりまえであるかのような風潮がすでにつくられているから、いきおい若者たちは年収や待遇で働き先を選ぶようになってしまっている。

自分の生涯を賭《か》けてしたいことをする場を探すのではなく、金銭価値で選択を左右されているわけだ。だから、彼らにとって仕事というものは強制された苦役《くえき》に似たものになる。本来の自分が欲していることをしない職に就くことになるからだ。

進路に迷う、就職や働き方に迷うのは自分の本当の望みにうすうす感づいていながらも、損得と金銭の勘定に毒されてしまった親を含め世間の大人たちの言葉を聞き入れてしまっているからである。そして、人生には目に見えない既成のレールがあってその上を走らなければならないという信仰に入れられてしまうのだ。結果、鋳型《いがた》にちょうどよく嵌《はま》った小市民や消費者が出来あがる。

読書はそういう人たちにも重要なサジェスチョンを小声で与える。どれかの本が自分への答えを与えてくれるという意味ではなく、**どういった本を自分が好み、どのような本を人よりも深く理解できたり、あるいはどんな本が自分の生来持っている性向に沿っているか**という意味で、本来の自分が何を欲しているかわからせてくれるのである。

ふつうは十代でこの気づきを経験するものだ。もちろん、人生の味を噛みしめた四十代や五十代になってからやっと気づいたとしても、まったく気づかないでいるよりもましだ。その場合でも書物が小声で教えてくれる。

独りで本を読むとき、わたしたちの心は開き始める

社会経験や他人ではなく、なぜ書物のほうがそのサジェスチョンを与える力が比較的に

大きいかというと、まともな本であるならば何事かについていつも真摯《しんし》に述べているからだ。この経済至上の社会にあっては、それは稀有《けう》なことなのだ。

ふつう、誰の発言にも思惑が裏に貼りついているものだ。発する言葉には相手を誘導したり操縦しようとする意図が隠されている。あるいは相手の気分を害さない程度に遠回しにされた形での指示や命令なのだ。

無情で殺伐《さつばつ》とした世の中だと多くの人が感じるのは、ほとんどの言葉が経済効率のために発せられていて、相手の人格に向かって心から発せられていないからなのだ。それがしばしば親密な異性間の対話にまで浸透しているのは誰もが経験していることではないだろうか。

ところが、**書物だけは経済的損得を抜きにした言葉を発してくれる。だから、独りで本を読むとき、わたしたちの心は開き始める。**ふだんより心を開く角度が大きいからこそ、書物が語ることをよく理解できるのだ。

そして、心を開いているからこそ、社会の関係にあっては抑えていた自分そのものが出てきて、自分が何を喜ぶ人間なのか、本当は何を求めているのかが明瞭に自覚できるのである。書物が与えてくれるサジェスチョンとはそのことである。

そういうふうにして自分自身がわかって自分の求める勉強をするのと、自分がわからずに他人の真似をして何かしら功利的な目的の勉強をするのとでは、熱意や結果に大きな差が出てくるのは当然のことだろう。それこそがもっとも効率的な第一歩なのだ。

第3章

静かな場からの生産、時間を増やす技術

勉強のための環境について

最良の書斎は内にある

いつでもどこでも最良の場所にする方法

有名な映画『ゴッドファーザー』にドン・コルレオーネの立派な書斎がたびたび出てくる。しかし物書きが生業《なりわい》でない限り、書斎はそれほど必要ではないだろう。

椅子と物書き机、あとは本棚があれば、その空間がすでに書斎の体裁になる。

とはいうものの、パソコンと書籍と衣類を持ち込んでホテルに七カ月間住んで仕事をした経験があるが、ホテルの一室は書斎としては不十分だった。外の喧噪《けんそう》は聞こえてはこないものの、喧噪の気配がすぐ近くにまでせまっているようで落ち着かなかった。

書斎で何をするかというと、書いたり読んだり考えたりする。この三つは絡まりあっていることが多いが、その中でもっとも比重が高いのは読むことだろう。読まなければ考えたり書いたりする材料がないからだ。

であれば、書斎の第一条件は安全にじっくりと頁をめくることのできる環境だということだ。その意味ではバルコニーも茶室もリヴィングも木陰もベッドも廊下の隅でもどんな場所でも一時的には書斎になりうるわけだ。

この本質をさらに突きつめていくと、書斎とはある条件が満たされた環境のことになる。では、特殊な場や物理的に工夫された環境のことなのか。

しかし、その場所にあって自分の気が散らず、自然と没頭できる状態にならなければならないのだから、環境ではあってもむしろ内的環境であろう。

したがって、物理的な条件ではなく、自分の心のありかたがそういう場をつくる、というふうに抽出される。ということは、**自分の心が揺れていない状態のときに自分がいるその場が書斎になるわけだ。**

心が揺れていない状態になるには

では、心が揺れていないという状態になるにはどうであればいいのか。

つまるところ、次のようなことだろう。興奮してもいないし感情的にもなっていない。

頭の中で世間や他人の言葉が騒々《そうぞう》しく響いていない。身体的苦痛はもちろん、強い悔恨や負い目といった心理的苦痛もない。

要するに**身と心が静かな状態**だ。そういう状態であれば、自分のいる場がすぐさま書斎になる。この書斎から生産的な作業が生まれてくる。

静かな場からの生産

煩わしさを自分の外に出す

おおよそ誰にしても、静けさの中にいなければ、創造はおろか、小さな物事すら充分に仕上げることはできない。

この「静けさ」とは、自分の心の静けさのことだ。自分の心が澄みきって静かなときだけ、なにがしかの生産ができる。もちろん、喧噪の中にいても、自分の心を静けさの中に置くことはできる。

心が静かだというのは、自分の内側に何も雑多な漂流物がない状態のことだ。誰からの声もなく、気がかりなこともなく、手元の事柄に集中できることだ。

もちろん生きている限り、心乱すことも気がかりなこともある。しかし、それらをいったん自分の外に出しておかなければ、生産はできない。

そのために、わたしたちは一種の閉じられた空間、世間の騒々しさや煩《わずら》わしさから隔離された空間を必要とするのだ。それが書斎であり、アトリエであり、仕事場なのである。

一五分の瞑想

自分の心を静かにする方法はたくさんある。そのうち、もっとも簡単で、すぐにできるものは昔から広く行なわれてきた**瞑想《めいそう》**だろう。

この瞑想は微塵《みじん》たりとも宗教的なものではない。その方法は、人工の音を立てるものがない部屋でただ何も考えずに一五分以上程度を過ごすというだけだ。足を組まずに椅子に腰かけ、背を伸ばして、ゆっくりと呼吸をする。何も考えない、何も想像しない。何かが湧《わ》いてきても追わない。脳と心がないかのような状態でいる。

このようなことだけで、さっきまで濁《にご》って騒々しかった心が澄みきって静かになる。**引き摺っていた感情が剝落《はくらく》して離れていく。世間が遠ざかる。**

そして一五分か二〇分後にはまた現実に戻ってくるわけだが、このときに瞑想の効果がはっきりとわかる。**自分の今からの行動にためらいも迷いもなくなっている**からだ。

わたしたちはふだんからさまざまなものを抱えている。やらなければいけないこと、したいこと、他人との連絡や調整、意欲の浮沈と気分の不安定、想像と予想、懸念と不安、それらから生まれてくる心理的抑圧と臆病、こまごまとした用事、つまり、現実と自分の頭の中の思いがごっちゃになったままで、どれから手をつけようか、あれをどうしようかと思い迷いながら結局のところ時間を潰している。

瞑想のあとは、そういった泥沼状態の心がすっきりと整頓された状態になる。つまり、今これからしなければならないこと、次に手がけることが当然の順番としてわかるのだ。損得勘定をしてあれこれ迷うことがなくなっている。最近のビジネスマンならこれを、時間と脳のコストパフォーマンスが高くなると表現するかもしれない。

どう呼んでもかまわないが、この方法にコストはまったくかからない。他のことと同様に、実践するかしないかだけだ。

時間を自分の手にする方法

時間は増やせる

もっと多くの時間が欲しいというのなら、時間を増やせばいい。

そんなことを言うと、多くの人は「一日二十四時間しかないのに、それを三十時間にできるわけがない」と思うだろう。

しかし、ごく少数の人だけは時間はいくらでも増やせるものだと実感している。この差はいったい何なのか。

そもそも、時間は物質的なものだろうか。

時間が物質ならば、それは死まで続く一本のロープや数珠《じゅず》のようなものであり、わたしたちはそれを同速度でたどってゆくだけだろう。そして、一日は二十四時間である。それは各人に与えられた同等量の配給品のようなものだ。

ポイントは目の前に集中できるか否か

ところが、ごく少数の人はそういうふうに時間を量に換算できるような物質的なものだとは考えないし、感じてもいない。では、どう考え、どう感じているのか。

一般的な時間は自分の外側にありながらも自分の時間は自分の内側にある、と思っているのだ。それは次のことを同時に意味している。

・この自分が自分の時間を支配することができる。
・自分が時間を支配しているときは、時間をことさらに意識することはない。
・時間を支配していないとき、退屈や時間の消耗を感じる。
・何をするにしても、もっともはかどって生産的なのは時間を支配しているときである。
・時間を支配できるかどうかは、自分の意識状態に関わっている。

これらのことの要《かなめ》になっているのは「集中」である。

集中して何か事柄にあたっている場合のみ、人は時間を意識しない。時間を意識しないということは、時間の切迫をまるで感知しないということだ。

だから、ゆったりとした気持ちで物事に関わるようになる。ゆったりした気持ちなのではあるが、集中しているのだから、物事への対処速度が尋常よりはるかに高いし、ずっと生産的だということになる。

そんなのは自分の気の持ちようではないかと言うならば、その気の持ちようを自分でコントロールできる人がはなはだ少ない。だから、多くの人が時間のなさを嘆《なげ》いているではないか。

本当は時間が少ないのではない。自分が集中して事柄にあたっていないだけなのだ。心が乱れて散漫だから、眼前の一事をなしとげられないのだ。あるいはまた、小さな事柄についてそのつど自分の感情をいたずらに動かし、乱れた感情をなんとか鎮《しず》めることに時間を費消してしまっている。

だから目前の事柄に集中しさえすればいいだけなのだ。すると、以前よりずっと短時間ですむのだから、結果的に多くの事柄をなすことが可能になる。そして一日はたっぷりと豊かに感じられ、また豊かに使うことができるようになるのだ。

時間を増やす技術

1・趣味を捨てる

勉強をするためにもっと時間が欲しいというのなら、趣味を捨てなければならない。たった一週間だけでいい、その趣味に関わらないでいればすぐにわかる。驚くほどに時間が増え、一週間がずっと長くなるからだ。

趣味の行く先はプロへの道だろうか。そういう人は数十万人に一人くらいであって、おおかたの人にとってはそうではない。いつまでたっても素人《しろうと》の他愛ない趣味にとどまるだけだ。そしてまた、趣味は多くの人にとって逃避の形態の一つだ。あるいは知己《ちき》を増やして孤独をまぎらわせるための手段だ。

趣味を少し止《や》めてみると、なんだか寂しく感じられるだろう。物足りなさがつきまとうかもしれない。趣味があるほうが充実しているように思えるだろう。実はその感覚こそ依存の証拠だ。アルコール中毒者がアルコールのない人生を味気なく感じるのと同じだ。

しかし、**趣味が自分の仕事や勉強とリンクしているのなら、それはもはやたんなる趣味ではない**。自分が成長するための重要な一要素になっているのだから、その時間を削る必要はない。

時間を増やすために自分の趣味を捨てるべきかどうかは自分自身がよく知っているはずだ。履歴書の趣味欄に書き込んだり、誰かに吹聴するような趣味はほとんどが時間とお金の浪費にすぎないものだ。

2・妄想を棄てる

時間を豊かに使う、すなわち集中する方法は次の通りである。

・妄想や煩悩を棄《す》てる。
・考えず、思惑を持たず、予想せず、虚心坦懐《きょしんたんかい》に物事にあたる。
・外からの雑音を遮断する環境に身を置く。

・後悔に似た反省や自己採点をしない。

なぜか多くの人は「妄想」や「煩悩」を性的にみだらな思いだと勝手に考えているようだ。しかし、ここでいう妄想や煩悩とは、言葉の本義通りにふだん考えていることを指す。

たとえば、家人の帰りがいつもより遅かったりすると、待っている人はあれやこれやと（特に悪いことを）想像して気を揉《も》む。その、あれやこれやの想像が妄想なのだ。いわゆる心配というものは事実とかけ離れた妄想にすぎない。

たとえば、誰か他人が自分のことをいろいろと話していることを偶然に知ったりすると、自分はどのように評価されているのか、何か誤解があるのではないか、などと考える。これも妄想である。

また、宝くじなどを買い、当選して大金が入ってきたら何に使おうと考えるのも典型的な妄想だ。宝くじの広告がどのような理由づけで宣伝をしていようとも、それは決して夢ではない。ただの愚にもつかない妄想、煩悩にすぎない。同じように、試験の結果を気にするのも妄想だし、将来を案じるのも妄想だ。

思いきって財産の半分ほども使って株をたくさん買ってみればいい。その直後から株価の上下が始終気になって仕方なくなる。財産が減るのではないかという妄想に囚《とら》われるからだ。そして、その妄想のために、すべきことの多くが満足にできなくなってしまう結果に陥《おちい》るだろう。

このように、妄想や煩悩というものはわたしたちの時間を奪いさり、何事もなしえないほど無力にしてしまうのだ。これほどの浪費と喪失が他にあるだろうか。

頭の中にさまざまな思いをめぐらせて実際には何もしないのだから、すべきことをしていない。それは当然のことながら、**貧しくなることに直結する**。なぜならば、物事を十全になすことによってのみ実り豊かになりえるからだ。

人は言い訳や自己弁護においてかなり狡猾《こうかつ》だから、妄想していた場合であっても、自分としては「考えている」のだと思いこみたがるものだ。しかし、**思考と妄想はまったく異なる**ものだ。

何が思考か知りたいならば、それは書棚にある。つまり、長い間読み継がれている書物の中で展開されている論が思考の軌跡そのものなのだ。

妄想はそのつど浮かんでは消えるものだ。形として何も残さない。あるいは最悪の場合には、妄想は現状や人間関係や自分の心を破壊する。

妄想自体に現実を破壊する力があるわけではない。もちろんのこと、妄想につき動かされた人が現実の状態を言葉や暴力で破壊するのだ。

なぜ、そういうことをするかというと、**妄想を続けると、その妄想がまさにこの現実のように思えてしまう**からだ。妄想を現実と錯視するその過程は長くはない。とても短い。一瞬の場合さえありえる。

その例はいくつも身の回りに見ることができる。逆上、嫉妬、恋心の点火、誤解、落胆、失望、怨恨《えんこん》、腐れ縁、などあまたある。つまり、これら妄想のたぐいは破滅への始まりなのだ。そのような妄想を現実だと見誤ってはならないし、自分の考えだと勘違いしてもならない。

多くの人の一日の時間はこれら妄想でついやされている。だから、その妄想を棄てれば、その分の時間が生まれ、その時間を本来の仕事に向けることができるようになる。

もし考えなければならないことがあるならば、あるいは対処しなければならない悩みがあるならば、紙に文字と図を書いて考えればもっとも理性が働くようになるし、現実的な対処方法を出しやすくなる。

これは次のようなパズルを解くときも同じだ。このパズルを頭だけ考えて解こうとすると難しく感じられる。しかし、鉛筆で線を加えながら試行錯誤するとすぐに解けてしまう。わたしたちがふだんから問題だと思っていることもほぼ同じである。

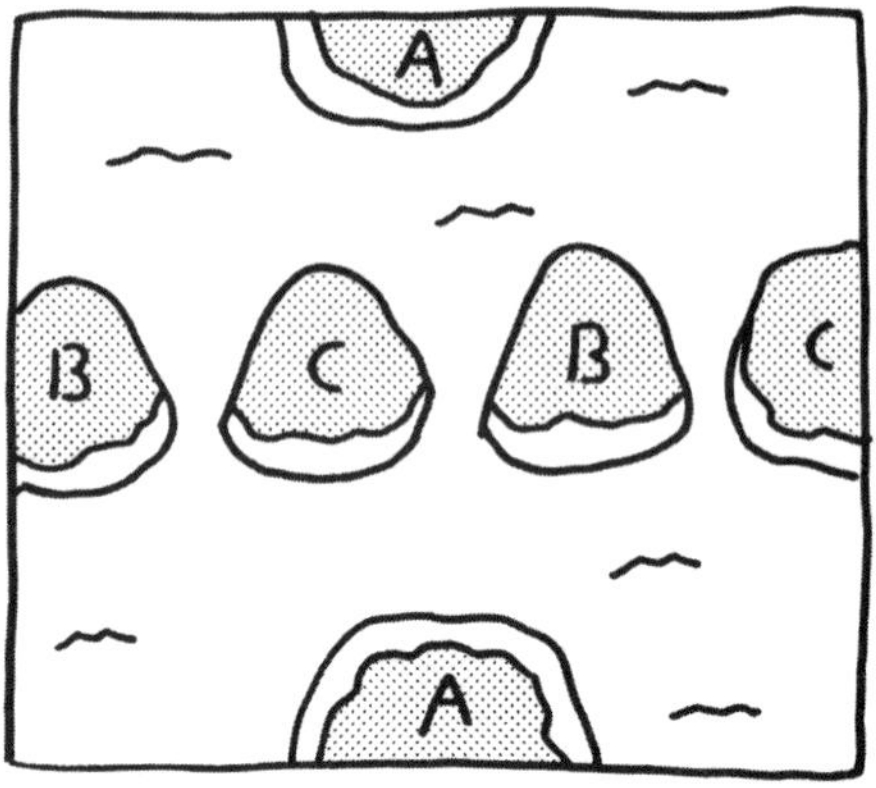

AとA、BとB、CとCの島を、
互いに交わらない線で結べ。
ただし、枠外にはみ出してはならない。

3・時間計画を立てない

もっとも簡単に時間を増やす方法がある。**時間を無視する**ことだ。

時間を無視するとは、たとえば**残りの時間を気にしたり、なんらかの期限までの残り時間を計算して配分したりしない**ことだ。

組織のチームワークによる作業でない場合、ある一定の時間を分割して作業ごとに割り振りするのは実際的ではない。そういう時間配分をすると効率的になるような気がするだろうが、それは最初の気持ちだけだ。

また、さらによくないのは計画の時間内で間に合わせればいいのだと思いこむようになることだ。これは、これからはいっさい何の障碍《しょうがい》も起きず、計画のすべてが難なく機械的にこなされるという妄想を現実だと思うことだ。

人のすることは機械のような単純作業ではないのだから、つねにまんべんなく事を進めることをしないし、できない。何においても人がなすことには濃淡があるし、疲れてはかどらないこともあるし、不意に調子が上がるときもある。一杯のコーヒーや何かささいなきっかけが能率を高めるときもある。とにかく一様ではないし、時間で計測できることではない。

単純な作業、たとえば一冊の本を読むような場合でも、三〇〇頁あるから一日に三〇頁ずつ読めば一〇日で読了できるというわけにはいかない。自分の理解力に応じてもっと短くも長くもなるはずだ。このように、読書にさえ時間配分は適用できないのだ。

だいたいにして自分のためのタイムスケジュールをつくること自体、本心は可能ならばそれを手がけたくないということの表われであろう。自分が本当にそれをしたいのならば、すでに手がけているはずなのだから。つまり、時間のあるなしとは関係なく、行為が先に立つものだ。

人がこれほど時間を気にするようになったのは近代以降だ。遅刻という概念が広まったのは十九世紀半ばに旅客鉄道ができてからだった。つまり、産業革命が時間と効率という強迫観念を生んだわけだ。

社会の活動にあっては世間のそういう観念にしたがったほうが面倒なことが起きなくていいが、私的な事柄についてはそこまで時間に蹂躙《じゅうりん》されることはないだろう。

あたかも時間など存在しないかのように自分の好きな事柄にどっぷりとつかっていれば、永遠の中にいるように感じられるし、手がけていることが現実の中ではかどるものだ。熱中していて心理的な切迫がないからだ。

だから、時間が多いだの少ないだのと端《はな》から気にする必要などない。そして、時間を気にしないためには時計を見たりしないこと。時間のスケジュールに命じられて動かないこと。集中が続くならずっと集中していていいし、休みたければ休み、腹が減ったら食事をとればいいだけだ。

要するに、自分が主体としてふるまえるかどうかだ。自分の自発的な意欲にすなおであれば、今の時間がずっと豊かになるのである。

勉強を始める人への私的忠告

孤独の二日間を過ごす

三十代から四十代以降になって勉強を始めようという人が本気でわたしに個人的なアドヴァイスを求めるならば、わたしは次のようなことを述べるだろう。

すぐに何かの勉強を始める準備をするのではなく、まずはいったん社会から離れてしまうこと。要は完全に孤独になること。

生計のための仕事を持っている場合、これは難しいことだろう。だったら、休みの二日間だけでも社会から離れて独りきりになればいい。できるならば、五日から一週間くらいの孤独の時間を持つことだ。

その間は、いっさいのメディアや通信機器もシャットアウトして身の回りから人工音を遮断する。もちろん、テレビや新聞も見ない。電話にも出ない。自炊をして独りきりで暮らす。自分を世間から隔絶した状況に置くのだ。

なぜこういう孤独に沈潜《ちんせん》することを勧めるかというと、自分が自己に戻るためである。ふだんのわたしたちは漫然と、自分はいつも自分だと思いこんでいる。実際にはそうではない。本当の自分でいることはほとんどない。

わたしたちは自覚していないことが多いが、誰かに、あるいは何かに依存する生活を続けている。当座の役割を与えられ、なんらかの要求があれば分相応に応える。企業で働く人はその連続が日々になっている。自分から考えるのではなく、つねに何か問題に対処する解決策を探している。

自宅に帰っても習慣や物や欲望に要求され、それに応じている。何もないと、かえって不安になる。だから、空き時間ができるとゲームをしたり、音楽を聴いたり、SNSで連絡をとりあったりする。

そういったもろもろの対応をわたしたちは人間的な絆《きずな》だと思おうとしている。それらのことは実は、自己のみで存在していることからできるだけ遠ざかろうとする巧妙なごまかしにすぎないということに気づこうともしていない。

孤独になれとわたしが勧めるのは、そういうふうにあらゆる社会的な要求と刺戟《しげき》によって拡散しとりとめなくなっている自分の断片をすべて取り戻し、再び自己の内側に収斂《しゅうれん》させるためだ。

忙しさを生き甲斐だと勘違いしている現代人にとって、最初の孤独な一日は耐えがたいものになるかもしれない。自分だけ取り残された気分になるだろうし、無為であまりにも非生産的な過ごし方にいらつくかもしれない。また、多くの衝動に駆られて苦しくなるかもしれない。

そのような状態になったら我慢するのではなく、衝動や気分を思いきって手放してしまえばいい。社会的な残滓《ざんし》にすがりつきたがっている自分を放棄してしまうのだ。そして、独りぽつねんと座って静かに息をする。空腹になったら、食事の用意をする。自然を眺《なが》める。時間の一秒一秒を味わう。そうして、自己のみで一日を過ごす。

二日目になれば、競争社会の中で働き人づきあいをしていたことがなんだか遠く感じられるだろう。そしてまた、自分が自己としてまとまって自分の手元にあることが感じられてくるだろう。

そうしたら、じっくりと時間をかけて自己と対話をするのだ。**本当は何をしたいのか。何ができると思うのか。今までひそかに理由をつけて延ばし延ばしにしてきた真の欲求は**

何なのか。自分はどうなりたいのか。何を勉強し、何を知りたいのか。

世間の評価基準を自分の評価基準としない

この限定的な社会の中で自己を断片的にしか持てていないときのわたしたちは欲望の皮袋のようなものだ。あれが欲しい、これが欲しい。昇進したい、より多くの金銭を握りたい。あわよくば得をしたい……。

それらもろもろの欲望は、世間との関わり、他人との競争や比較、恐怖心や見栄、自己欺瞞《ぎまん》、慢心などから触発されて生まれてきたものだ。幼児のように自己だけで充足しているときには決して生まれてこないものなのである。だから、世間的な欲望なのだ。

世間的な欲望にかられることは、決して潤《うるお》されることのない渇きを持つことと同じだ。というのも、欲望が充《み》たされたと思った瞬間、それはすぐさま色褪《あ》せるからである。世間がつねに変化している以上、本当の満足はない。器を充たすものを獲得できたときにはすでに器が大きくなっていたり、形が変わっているからである。

そういう欲望のもろもろを自分が内心から求めているものだと思いこむのは多くの人が

陥るあやまりだ。なぜそういうあやまりを犯すかというと、**世間の評価基準を自分の評価基準としているからだ**。世間はつねに変貌しているから評価基準もころころと変わる。その差異がわたしたちの苦しみを生むのだ。

しかし、この資本主義社会のシステムから完全には逃げることはできないのだから、それが世間というものであり娑婆《しゃば》に生きる苦しみだと認めてしまえばいい。肝心なのは、**その苦しみを自分の個人的生活にまで持ちこんで自分の人生を歪《ゆが》んだつらいものにしないことなのだ**。

何かについて自分で勉強を始めたとしても、そのモチベーションに世間の評価基準から影響を受けたものが割合的に多く混じっているほど、その勉強は強制的なものであり苦しみが濃くなってくる。一般的に学校受験や資格取得の勉強がしんどいのはそのためなのである。

このしんどさをもっと倍加するのは、自分がなんらかの勉強をしていることを周囲に吹聴した場合だ。周囲の人間は世間そのものだから、世間の定まらない評価基準を用いていかようにも無責任な感想を述べてくる。それは必ず勉強への疑念をはらんだ重圧になってくる。そして、勉強は意味を削りとられ、いずれ挫折する。

内側からふつふつと湧いてくるもの

ちなみに巷《ちまた》の勉強法の本に、自分が勉強していることを周囲に明らかにしたほうが自分へのプレッシャーがかかって勉強がはかどると述べているものがあるが、それは一種の脅迫であろう。脅迫しなければ人を動かせないのか。それこそ世間の手管《てくだ》である。

わたしはモチベーションという言葉を聞くと、痩《や》せた馬の鼻面の前にニンジンをぶらさげている図を思い浮かべる。これこれをさせるためにこの程度の報酬をちらつかせればいいのだという考え方の上にある言葉がモチベーションではないだろうか。

そういったモチベーションは他動的なものであり、それは道具にのみ使われるものだ。**真のモチベーションは外からはもたらされない。自己の内側からふつふつと湧いてくるものだ。**その力の種類と向きを自分で確認するために、孤独の二日間を過ごすのである。

何をどう勉強しようともくろんでも、とにかく自発性が根底になければ、長続きすることはない。また、どんな事柄にたずさわろうとも、みずから好んで向かう姿勢がなければ成功には達しない。

その意味で、幼児はわたしたちの模範になる。幼児は自発性のみで動くから充実し、どんな結果にも満ち足りるのだ。そういう幼児の力を取り戻すために、わたしはまず孤独になって自己に向き合うことを本心から勧めるのである。

第4章

大人の勉強とは冒険のように人生をワクワクさせるものである

やりたいこと、才能、そしてジェネラルな知性へ

本当は何を勉強したいのか

社会性偏重という病

現代は、人が社会性を持つことが強調されすぎるきらいがあるのではないだろうか。考え方や行動に社会性があり、社会ルールを遵守《じゅんしゅ》でき、社会に適応できる人材が望ましいというか、そうあるべきだという無言の圧力があるように見える。

社会性偏重とでもいうべきこの傾向は若い人たちの間にも充分に伝わっている。だから、その場における「空気」が読めるかどうかということが「ＫＹ」という言い方でいっとき流行した。これは、周囲の社会的状況にふさわしい発言や態度をすべきだという独特の隠語的表現だ。

もちろん公共の場では社会性が必要にはなる。ただ、それがあまりにも強調されると、本来の自分自身のままでいていいときも、身に染みついてしまった社会性が枷《かせ》になる場合がある。これを風刺画にすると、自分の家にいるのに服装と態度が会社にいるときと同じというふうになるのだろう。

しかし、それを一笑に付しただけではかたづけられない。現実には、家ではくつろいだ格好をしていながらも、頭の中は社会性重視のままの人が少なくないからだ。だから、何か自分で勉強を始めようというときも、いわゆる社会性ができるだけ多く含まれた分野やテーマを選んでしまいがちになる。

それは一種の見栄と気取りからくるのかもしれない。同僚や知人に対して、「実は、今さらながらこんなことを勉強し始めましてね」と吹聴したいがためかもしれない。あるいはまた、自分のステータスにふさわしいものとして社会性のある分野やテーマを選ぶのかもしれない。

しかしいずれにしても、そういった勉強の姿勢というのは自分の内側からにじみ出てきたものではないだろう。そこに最初から真の熱意は動いていないし、勉強を通じての自分の変化というものも期待できない。

多くの人の独学が遅かれ早かれ挫折するのもそういうところに大きな原因があるのかもしれない。

自分が本当は何を勉強したいかは、自分自身に訊《き》かなければ絶対にわからない。実は、勉強だけではなく、自分がどういう仕事をしたいのか、これから何をやりたいのか、どう生きてみたいのか、といったこともまた自分自身に訊かなければわからないことなのだ。

それらはとても大事な最初の一歩なのに、多くの人は漫然としたまま周囲の人々の真似《まね》をすればすむと考え、実際にそういうふうに行動している。たとえば、高校や大学を出たらどこかに就職するのがあたりまえ、といったように。

そして、ずっと個性的でいようとしていた自分のこれまでの姿勢をあっさりと捨て、どんな人をもフラット化するようなリクルートスーツに身を包み、「これからは社会人として」などと臆面もなく言い出す。そして、運よくいったんどこかの会社に入れば、自分の人生はこれでいいのだろうかなどと悩みだす。

そのタイプのバリエーションは無数に見られる。本当にこの人と結婚してよかったのか。本当にこのまま歳をとっていっていいのだろうか。自分だけが置いていかれているのではないか。この場所は自分の場所ではないのではないだろうか。何かどこかでまちがったままでいるのではないだろうか……云々《うんぬん》。

自分の内心からの声を聞かずにその場での損得勘定や因習や流行や社会の情勢などに自

分を動かされつづけているならば、そういった不本意で不協和な感じはいつまでもなくならないだろう。それは、誰の人生にも必然的につきまとう不安ではない。

評価されること、評価すること

それでもなお自分の内心の声に耳を傾けないでいるのは、おそらく依存心を棄《す》てきれないからではないか。たとえば、社会に敷かれている（ように見える）レールに乗ればいい、ベストな選択をすればベストな結果が期待できる、ある程度の学歴があればどこにいても認められるはずだ、といった気持ちは依存の表われだ。

こういう依存的な考え方にわたしたちが慣れているのは、学校教育を通じて評価を受けるのがあたりまえのことだと思いこまされてきたからではないだろうか。つまり、**自分がすることに対して評価するのは誰か向こう側にいる相手だという考え方に染まっている。**

評価は何か一つのシステム、学校や会社という狭い場所の中でのことにすぎないのに、人生においても同じようなものだと考える傾向にあるのだ。そしてまた、毎日の生活でわたしたちは性懲《しょうこ》りもなく他人について評価しあっている。その評価の基準はいつもながら世間の価値観、すなわち若さ、美しさ、スピード、強さ、物質的な豊かさなのだ。

わたしたちの多くが息苦しさを感じ、解放されることをひそかに欲していると断じてもいいだろうが、それは現在の状況や場所からの解放ではなく、この世間的価値観にがんじがらめに縛られている状態からの解放であろう。その一方でしかし、世間的価値観に依存し、さらに世間的価値観を仕事に利用して日々の糧《かて》を得てもいるのだ。

そして、個人的に何か勉強しようとするときでさえも、この世間的価値観の枠内からのみ対象を選ぼうとする。言い換えると、世間的価値観の枠内にあるものしか意味あるものとしてとらえることができない頭になってしまっているのだ。

思い出してみるまでもなく、子供時代のわたしたちにとって世界は広大無辺の魅惑的な神秘にあふれた未知でしかなかった。それがどうだ。大人になってしまった今、世界は小さな社会でしかなく、喧噪《けんそう》と忙しさと金銭のやりくりに満ち、濁《にご》った色の思惑とあせりと心配事と瑣事《さじ》で覆いつくされている。

この二つのどちらが本当の世界なのかという疑問は意味がない。自分が好んでどういう世界に住んでいるかだ。武器を手にすれば世界は戦争と不安に満ちる。競争すれば、いっさいが排他的な優劣の競争になる。世間的価値観を認めれば、自分自身も含めてあらゆるものがその価値観でランク付けされる。

社会という幻想

幼い子供というものは無邪気に、自分はたった今から何にでもなれると考えている。それは、子供がまだ現実を知らないからではない。**気持ちと考えを自由にどこまでも飛翔させることができるからだ**。それは子供が描く絵にも如実に表われている。

一方、大人は自分が何にでもなれる、何でも自由にできるとは考えたがらない。なんらかについての可能性をもくろむ場合でも、自分には新しく何かをやれる能力があるだろうかと気弱に思うのだ。

その際に大人が考えるのは、自分がしたいことについての諸々ではなく、自分がこれまでしてきたことだ。経験があるならば、そのたぐいのことなら今度もできるだろうと帰納法で予想づける。しかし、経験がない場合は消極的に無理だろうと予想してしまうのだ。そこで可能性はごく少なくなる。なぜならば、無理だろうと予想して完遂できるものなどないからだ。

大人が新しい事柄に着手しないのは、そこへ実際に向かう前に過去を考え、経歴を考え、年齢や時間を考え、金銭を数え、結局はため息をついてあきらめるからだ。そういう態度に自由な飛翔といったものはない。制限と抑圧だけがまとわりついている。

おそらく大人は、これまでの知識や経験といったものを自分にすでに備わったものとしてとらえているのだ。さらに、自分に備わっていないものは使えないとも考える。

したがって、新しい事柄に対してひるみがちになるし、特殊に見える事柄に対しては「自分には才能がないから、これはできないだろう」と思いこむのである。**才能や勘は、物事に熱心に関わっているうちに身について育ってくる**ものなのにである。

子供は逆だ。物事を始める際に経験や条件や能力について考えない。ただ、好奇心が向くこと、やりたいことを素直にするだけだ。出来不出来は考慮しない。やれれば満足だ。どんな粘土の怪獣ができようとも、それは満足と喜びの最高の形なのだ。

まっとうに生きるとはそういうことではないだろうか。何か基準に照らして生きて、その生き方を評価するということはやはりフェイクであろう。自分が心ゆくまでしたいことをするのが人としてまっとうであろう。

自分がしたいことをすれば反社会的な行為につながる怖れが強くなると懸念する人がいるかもしれない。反社会的行為であっても、人間的な行為であればまっとうだと言えないのか。そもそも、社会的なものすべてが人間性に即しているとは言えないのだから。そのことは現行の法律を見ただけでもわかる。

わたしたちがこの社会に住んでいても、自分の考えや勉強が社会に適応した妥当なものでなければならないということはない。だいたいにして、**社会と呼ばれているものは安定した統治のための抽象観念でしかない**からだ。

しかし、その観念の中に長く住み続けて慣れてしまうと、実際に社会というものが存在しているかのように錯誤してしまう。それぞれの人のそういう錯誤がむらむらと集まって濃い霧のように立ちこめたものがこの社会なのだ。第二次世界大戦が始まる前の日本の濃い霧には神国日本という妙な名称がつけられていた。

観念の集合体でしかない社会の中にいるということは、行政のための人工的な倫理と仕組みの中で生きるということだ。人工なのだから、人は窒息感を覚える。多くの法律で精密につくられた社会であるほど窒息感は強くなる。

そういう都会に住む人に音楽や芸術や哲学の一部が必要なのは、それらを通じてわたしたちの人間性に呼吸させるためなのだ。この場合の人間性とは、わたしたちの中に自然としてあるもの、野性や放埓《ほうらつ》さ、原始的な感性や情緒をも含んだものだ。つまり、社会が教育を使って陶冶《とうや》や矯正をしたがる部分をも含んだ全体である。

そういう意味で、わたしたち大人は見かけ上は人間ではあるけれども、幼な子のようには一人間としては全人間ではない。社会や教育の中で、社会システムに合うように成型されてしまっているからだ。

成型され隠れて見えなくなってはいるけれど、**野性や本来の感性は消え去っているわけではない**。それは芸術として昇華されたり、悪夢として襲ってきたり、冒険や暴力として表現されることもある。現代のホラーはそういったものの一種のガス抜きなのである。かつては、不思議な物語や神話や呪術が人々のガス抜きをしたのであるが。

総じて、わたしたち大人は幼いときにはまだ持っていた自由な飛翔ができなくなっているといっていいだろう。だからこそ、自分で何かを勉強したり、何かについてとことん研究しようとするならば、今度こそ社会の不可視の桎梏《しっこく》から解放されて自由にふるまうべきではないかと思うのだ。

そのために、今こそ自分自身に真摯《しんし》に訊くのである。**本当は何をしたいのか**、と。

才能について

才能を身につける二つの条件

才能を身につける条件の一つは、**自分が求めることの一点において怖れない**ことだ。その次の条件は、**ずっとその一点について関わりを続ける**ことだ。

ちなみに、一般的には才能がアルとかナイとか言われることが多い。しかし、それはもちろん「言語の分節化作用」によって大きく誤解される言い回しだ。

言語の分節化作用というのは、言語を用いることによって、本来分けられないものを分けてしまう作用のことだ。

たとえば、子供と大人だ。世界各地の文化によって儀式や年齢を基準として子供と大人を便宜上分けているが、実際にはその境目はない。年齢もまた言語の分節化作用の一例だ。

東欧やアフリカでは民族間の無残な戦争がたくさんあったが、民族もまた本来分けられないものなのに民族の名称で人間を分けているから、言語の分節化作用が働いているのだ。もちろん学校の成績も含め、ランク付けはすべて分節化そのものだ。

日本の小学生たちは、空に架かる虹は七色だと教わる。すると彼らはきっかりと七色に分けられた虹の絵を描く。本物の虹は決してそんなふうに明瞭に色分けされてはいない。もっと曖昧《あいまい》なものだ。だから、子供たちは教わった観念を絵にしたのだ。

そういうふうに、人は言語の分節化作用によって生まれた観念そのものが現実そのものであるかのように錯覚してしまう。そのたぐいの錯覚をたくさん積み重ねて成長するから、差別が生まれる。つまり、世界はまさしくここにあるのだが、わたしたちは言語の分節化作用による錯覚のレンズを通して見るため、素朴に世界を見ているわけではないということだ。

そこでこの項のテーマに戻るが、したがって才能があるとかないとかいう言い回し自体が分節化されたあとの表現なのだ。この言い回しをされると、人は実際に才能の有無というものがあると思ってしまう。だから、「あの人には才能がある」けれど「この人には才能がない」と考えるようになる。

神の有無の問題も同じことだ。神は存在するか、存在していないか。この問いかけの言い回しがすでに分節化なのだ。神の存在を問うということ、つまり、箱の中のシュレーディンガーの猫の存在を問うかのように単純にあるかないかで考えようとすることが、分節化することでしか物事を判断することができない人の態度だからだ。その意味で、有神論者も無神論者も同じレベルで安易なのだ。

他人の才能は予断できない

ところで、誰かの才能というものを人はふつうどういうときに感じるだろうか。何かすばらしい作品、何かすぐれた仕事や処理を見たときだ。才能がある人物を目にしたときに、オーラのようなものが見えてその人に才能があると確信するわけではない。だから、現実の成果や行動を見て、そのすばらしい結果の前提として才能があったはずだと類推しているわけだ。したがって、前もって才能があるとかないとか決して言うことはできない。よって、**他人の才能の有無はあらかじめ断定できない**ことになる。

ただし、自分自身に才能があるかどうかは自分でわかる。何か特定の事柄を生むことに対する尽きぬ情熱、その生産への努力をたゆまずに続けているならば、才能の確信ができる。もちろん、それは他人からはわかりようもない。

もし自分の才能に不安があるならば、手がけている事柄に自分がそれほど熱心ではないということを自分自身が知っているからだ。自分の才能への不安は自分自身に対する内部告発のようなものなのだ。

新しいものを生み出す勇気

自分の才能に確信を持っている人は他人の眼にはエキセントリックに映ることがしばしばだろう。これは一つの事柄に集中しているため、他の日常的なことがおろそかになったり、無頓着になったりするからだ。あるいは、関わる事柄への熱心さにおいて感性や価値観が世間的なものではなくなっているからだ。

そういう人は自分が熱心に関わることについて臆したりはしない。つまり、少しの怖れも持っていないという特徴がある。その点で、いわゆるふつうの人々との間には大きな開きがある。

ふつうの人々はいつも世間体を気にするし、すでに別の項で説明したように価値観の基礎を自分の感性ではなく、世間に置く。また、経済的理由で何かを始めたりやめたりする。要するに、いつもこまごまとした怖れを抱いているのだ。

そういう人たちから見れば、才能ある人は状況を考慮しないから変人なのだ。才能ある人からふつうの人々を見れば、妙に迷いが多く、周囲ばかり気にしていて付和雷同《ふわらいどう》することが多く、かつ気弱だということになる。この両者のどちらが正しいとかノーマルかという判断はありえない。ただ、それぞれの生き方があるだけだ。

しかし、**何かを成就させたり何か新しいものを生むのは、自分が関わる事柄その一点において勇気ある人のほうだ**というのは過去の事例から見ても言えることだろう。

大人の勉強には二つの道がある

なぜ歳を重ねるほど勉強しにくくなるのか

なぜ、子供時代のほうが勉強しやすく、歳を重ねるほどに勉強がしにくくなるのか。

理由は明らかだ。生活環境での経験と知識が増えるほどに固定観念もどんどんと増えていくからだ。自分の中に層となって住みついた固定観念が、新しい知識や新しい考え方の吸収を拒《こば》むのだ。一般的に老人が頑固《がんこ》だといわれるのはそのためである。

しかしながら多くの人はその自覚がない。自分は他人ほどには固定観念を持っていないと考えている。ところが、実際のわたしたちは固定観念にまみれているし、その固定観念をあてはめて日々の物事を判断している。

この固定観念を別の身近な言葉で言い換えれば、もっとわかりやすくなるだろう。固定（固着）観念とはすなわち、常識、慣習、因習、迷信、思いこみ、偏見、バイアス、レッテル、決まりきったイメージなどのことだ。

こういった固定観念が必ずしも悪いというのではない。むしろ、常識や固定観念はとりあえず社会生活を支障なく送るうえでの潤滑剤となっている。大多数の人の固定観念とほぼ似ている固定観念を持っていれば、容易に仲間扱いしてくれるし、意見や価値観が合いやすくもなる。

そういうふうに、固定観念はわたしたちを安全圏に置いてくれる。その一方で、**固定観念は鎧《よろい》のような働きを持ち、みずからとは異質な観念や知識を受けつけない**のである。だから、あらためて新しい事柄を勉強しようとしても勉強しづらいということが起きる。

人間観や人生観、さらに善悪の観念や先入観といったものも、わたしたちの常識や固定観念から生まれてくる。いわゆるオヤジたちがあたかも人生を熟知しているかのように説教臭いのも当然なのだ。彼らは自分の常識や固定観念がどの世代にもどの時代にも通じると思いこんでいるからだ。

常識や固定観念は、いわば社会的共同概念だ。ある時代のある社会に生きる人々が共同に持っている概念だからである。

だから、それは狭い場所でのみ通じている小さな概念であり、いつの時代のどの地域にも通じるような普遍的な概念ではない。にもかかわらず、それら常識や固定観念に染まっている人々は自分たちの考えや価値判断が正しく誰にも通じるものだと思っている。

地域や時代によって、常識と価値観はもちろん、倫理までもが大きく変貌する。たとえば、昭和初期頃までは財力のある男性が妾《めかけ》を持つのはふつうのことだという常識があった。二十世紀の半ばまでのアメリカでは人種差別は少しもおかしなことではなかった。ついこの数十年前まで喫煙は大人の嗜《たしな》みであり、現代のようにファッショ的に排斥《はいせき》されるものではなかった。

そういうふうにその時代の社会の大枠としての常識と固定観念があり、その内側に企業風土や商売の仕方から生まれてくる独特の常識と倫理が会社員の考え方や行動に染みこみ、住居のある地域の常識がさらに内側にあり、その内側に家庭や家族の倫理がある。

わたしたちはみな今に生きているのだから、今ここの環境で通用している常識や固定観念を身にまとって生きるのが賢明であろう。なぜなら、それらに沿って問題処理をしたり態度を決めれば、大多数の賛同が得られるからだ。

おしなべて付和雷同は世事の紆余曲折を生きやすいものにする。しかし、その場合の生きやすさは、日常での摩擦をできるだけ少なくするという消極的な意味での生きやすさであり、自分の意に沿った人生を送ることができるという意味ではない。

そこに起きてくるのは自分の外側にある力からの生の画一化だ。同じ手順の日々、同じ言葉、同じ感情の日々だ。物事や行ないの価値、そして善悪や良否の基準まであらかじめ決められている。その状態を安定だと思う人々は動物園に飼われて野性を失った動物たちと似ていて、自発性に富んだ生気を削《そ》がれてしまっている。

あるいは、自分の中の一抹の自発性の残りを発揮させるために冒険を内向化させることも往々にしてある。それがささやかな場合はマイブームというものになり、偏執狂的になればオタクとなり、感覚的な方向へと進めば乱倫やドラッグに惑溺することになる。

すでに別の項目でも述べたが、自分の生き方や幸福といったものを求めだすのは、管理社会の網目のような抑圧から脱し、自己に内在している力、生気、自発性などを発揮させたいからだ。それは人の自然であり、いわば人の野性だ。

しかし幸福を求めたとしても得られない。幸福は逃げ水と同じで、いつまでもぼんやりと遠くに見えるだけだ。幸福を手中にできないのは、幸福はどこそこに存在するというものではないし、物質的条件が左右する生活のステージでもないからだ。**幸福とは自分の意識の状態のことだ**。遊びに夢中になっている子供のような状態、すなわち自分の能力と感性を使っている状態が幸福なのだ。オスカー・ワイルドのあの有名な物語が『幸福の王子(The Happy Prince)』と題されたのはその意味においてなのだ。

その物語で幸福なのは、立像の王子から宝石や金箔などをもらった貧しい人々ではなく、立像の王子とその助け手となった一羽の小さなツバメなのである。なぜならば、王子とツバメこそ自分の感性と能力を存分に使ったからなのだ。

そもそも、「幸福を求める」という言い方そのものが人をあらぬ方向に導いてしまいやすい。あるいは、**「幸福を求める」という言い方自体が暗喩《あんゆ》になっている**のだろう。

くり返すが、世間というものをつくっている常識や固定観念や規律などは狭い社会環境でわずらわしくなく生きるためには有用だ。しかしながら、個人的生活にまで持ちこんで自分の判断基準にしてしまったとたん、自分の感性と能力を暗い場所に押しこめる重い蓋《ふた》になってしまうのである。

システム化された学校教育での授業を受けることに多くの子供が重苦しさを感じるのは

その蓋の重圧を感じとるからだ。そういう感性を文学にしたのが、ヘルマン・ヘッセの『車輪の下』であり、社会制度による画一化への反撥《はんぱつ》を描いた『荒野の狼』だ。ヘッセ自身、学校教育から逃げ、社会のファッショ的な押し込めにずっと抵抗していた人である。

したがって、**わたしたち大人がそれぞれに自分の勉強をするとき、見えない道が二つあることになる。**一つは従来の道であり、社会から与えられた事柄を、もしくは社会にすでに存在している既成の知識をその価値ごと受け入れるスタイルの勉強の道だ。これはみずからの頭を出来合いの鋳型《いがた》にはめこんでいくことだ。

もう一つの道は、ヘッセのように常識と固定観念から出来上がっている既成の鋳型を踏み越えて外に立ち、自分の感性と能力を使ってとぼとぼと自由に勉強していく道だ。もちろん、この荒野の道こそいつまでも疲れない。強制も基準も倫理もないからだ。

そして、この道を歩く人だけが新しい地にたどりつくことができる。**これまでになかった観点や表現方法に達した有名な芸術家も科学者もイノベーターもみんなこの自分だけの荒野の道を歩いてきた。**

情報・知識・知恵について

情報とは過去のデータにすぎない

わたしの上半身と下半身の各サイズは五つの店舗が知っている。別の三店舗はわたしの足の形とサイズを細かく知っている。それらの店で洋服と靴を誂《あつら》えるときに計測したからだ。

では、この八店舗はわたしについての知識を持っているのか、それとも情報を持っているのか。もちろん、情報である。なぜならば、わたしのサイズは計測した時点でのものだからだ。もし、わたしが今後の生活スタイルを変えて暴飲暴食でもしようものならば、わたしについてのサイズの情報は無効になる。こういうふうに、情報はいつも一過性のものだ。

すると、天気予報があまりあたらない理由がわかる。天気予報は過去の情報に基づいているからだ。毎年同じ日に同じ天気がくり返されるということはない。自然は生きているから刻々と変化する。

そのくらいのことがわかる人でもいったん数字が出てくると厳然たる事実だと信じてしまいやすい。たとえば、選挙の票の獲得数だ。

ある候補者が選挙で当選する。すると選挙民の多くがその候補者の政治方針を支持したとみなす。しかし、単純にそう考えてもよいのだろうか。実際には強く支持したのではなく、その候補者の政治方針や公約などほとんど知らないままに付和雷同した選挙民が多かっただけかもしれない。

そもそも、**どんな数値であろうとも、数字それ自体は意味を含んでいない**。数字に意味を与えるのは人なのだ。しかも、その人の考え方や思惑や利害によって意味がそれぞれに変わってくるだけだ。

要するに情報の特徴は、それはいつも**過去のデータであり現在は流れている**ものということだ。先ほどのわたしの体のサイズは計測時点でのサイズという過去の数値であり、その数字は変化しているという意味で不安定で流れている。ネット上の情報もまた同じだ。

知識とは情報を加工したもの

では、情報をたくさん集めた場合はどうか。それでもまだ、そこには個々の情報があるだけにすぎない。しかし、たくさんの情報を整理して並べ、そこに経験や教育で培《つちか》われた英知を使ってなんらかの観点を与えた場合には知識と呼ばれるものに変貌する。

たとえば、フィールドワークによってある動物のデータを集め、そのデータの分析からその動物の習性を抽出できた場合、その動物に関する一つの知識が生まれることになる。したがって知識とは、多くの情報を抽象化したり加工したりしてそこに有機的で有意義な結びつけをほどこした新しい形あるものなのである。

そういう確固とした知識は役立つ。役立つから売れる。知識に昇華されていない不安定な情報だけでは買い手がつかない。畑から引っこ抜いてきた麦では売れない。小麦粉にしたものが売れるのだ。利用できるからだ。

ここまでをまとめると、**素朴で粗野な情報を一般的なニーズに合わせて加工したものが知識と呼ばれる**。この知識をさらに加工すると別の新しい知識が続々と生まれていく。科学の発達の構造はこのような知識の無限生産なのである。

知性の力を磨く

では、図書館で知識を得られるのだろうか。確かに図書館は豊富な知識がつまっている場所だが、それらの知識を自分の知識として獲得するには自分なりの代償を支払わなければならない。それは学校においても同じだ。学校ではフルコースの給仕のような形で過去の知識を教えるが、教えられただけでは自分の知識にはならない。

知識を知識として取りこむには、その力が自分になければならない。その力は自分なりに代償を支払って得たものだ。つまり、あらゆる自力経験のことを指す。たとえば、教えられた公式を暗記してそこに数字をあてはめて答えを出して終わる経験ではなく、その公式をみずからひねり出すような試行錯誤の経験のことだ。

また、これが善でありその反対が悪であるのだと道徳の時間に教えられたとしても、あらためて自分なりにあらゆる事柄に善悪をあてはめてみてそこに矛盾や曖昧さを見出して考え続けるような経験だ。そういった経験には当然ながら思考、時間、集中がどうしても必要になり、他の単純な楽しいことをしないといった代償がともなう。

知識はそうして初めて身につくものなのだが、公務員が教師をする学校教育の制度においてはその肝心な点をほとんど省略し、ペーパーテストの結果だけで生徒の能力を決めてしまう傾向がある。そして不幸なことに、生徒自身もその数字が自分の能力だと思いこんでしまうのだ。

その場合、本当の知性の力は見過ごされている。だから、すぐれた作品や業績を残す数少ない人々がしばしば学校での成績がよくなかったというのは少しも不思議なことではない。彼らは他の並みの生徒たちとはちがって器用に流して勉強することができず、いちいち立ちどまっては自分なりに知識を咀嚼《そしゃく》していたのだから。その時間がかかったために他の科目がおろそかになったにすぎない。

知識を吸収する際のこの構造は、大人になって仕事をするようになっても同じだ。心身ともに真摯に打ち込んでこそ、一つひとつの仕事が貴重な経験と学習になって身につくからだ。それをした人だけが独自性のあるプロフェッショナルになれる。

しかし、知識の数は星の数ほどもある。その一つひとつについて多くの思考と経験の時間を使っていては、それだけで人生の時間を使いきってしまうのではないか。また、その関連の疑問として、それなのにどうして一芸のプロフェッショナルと目されるような人が往々にして他の事柄への理解もまた深かったり、一般人の及ばない個性的な観点や意見を持つことができるのだろうか。

これらの疑問については、一つの知識を身につけるための知性の力をいったん身につけることができたならば、その**知性の力はその知識だけではなく他の知識の吸収についても応用できる**ということに思いあたれば氷解するだろう。知性の力はいわば多くのものが切れる鋭いナイフのようなものだからだ。

もちろん知識の分野がまったく異なってしまえば、知性の力が十全に及ばないということもある。それでもなお、宇宙物理学などで使われる次元解析の計算が正しくできなくても、次元解析という手法の意味を理解することはできるのだ。

だからといって、知識がいつも万能だということにはならない。情報もそうだが知識もまた過去のものにすぎないし、よって現前の、あるいはこれから起きうる可能性のある問題については、既存の知識だけではとうてい対応できない場合がある。そういうときには知恵が必要になる。

知恵が、自由自在に飛躍させる

知恵は既存の知識の組み合わせから生まれることもあるし、経験と知識をベースにした発想の飛躍から生まれることもある。折り紙や紙飛行機はそういう知恵の産物だ。頭だけから生まれてくるものではない。

知恵はまた、すでにあるものをこれまでとはまったく別な事柄や用途に適用させることができる。たとえば、羽根ペン、料理鋏、元々は軍事用の通信網だったインターネットなど、**知恵の産物**は身の回りにたくさんある。**問題の解決にも知恵が使われる**。

知恵が働くかどうかは、問題を解決しようとする意志の強さに依存する。解決への意志が弱く処理だけを求めると、裁判のように前例踏襲でしか対応できない。民間企業が画期的な製品をつくったりするのは意志の強さがあるからだ。

知恵の解決力は知識による解決力をはるかに上回る。その観点が高く、問題を上空から俯瞰《ふかん》して対応するからだ。論理の手法が水平的であるとするならば、知恵は立体的な把握と理解の仕方をするのである。

論理でしか考えない人から見れば、それがとんでもない飛躍に映る。絵画の写実的手法しか知らない人から見れば、パブロ・ピカソの「アヴィニョンの娘たち」が異様な描き方をしているように見えるようなものだ。それが知恵から生まれた発想による斬新な立体的表現だと思いつきもしない。

もちろん、論理はたいせつなものだ。しかし、その**論理に知恵が結びつけば、論理は飛翔をするのである**。このことは古代から気づかれていた。東西世界の各地に龍（ドラゴン）の伝説やモチーフが残っているからだ。

龍は蛇の胴体と鳥の翼を持っている。蛇とは論理がつむぎ出す知識のメタファーだ。昔の人は、蛇が地を這う姿を、論理を地道に進めていくことに喩《たと》えたのだろう。蛇は聖書の創世記ではエヴァに知識をさずけるし、古代ギリシアから医学の知のシンボルとして、現代では医療設備や救急のマークに使われている。

その蛇に翼がつくと龍になる。翼があるからもう地面を這うだけではない、どこまでも高く飛翔できる。それは観点を自由に変えることができる知恵の特質を意味する。よって、龍の姿は知識と知恵が合体したときのメタファーなのである。龍が異様に強い存在であるのは、それが自由自在な知恵だからである。

ジェネラルな知へ

ゲーテ、カント、パスカル……十九世紀までの知のジェネラリストたち

ゲーテの戯曲『ファウスト』の冒頭で、肘掛け椅子に腰かけたファウスト博士は不安げな顔でこう嘆《なげ》く。

「ああ、おれは哲学も法学も医学も、いまいましいことには、役にもたたぬ神学まで、骨を折って、底の底まで研究した。……（中略）……いったいこの世界を奥の奥で統《す》べているのは何か、それが知りたい、そこではたらいているあらゆる力、あらゆる種子、それが見たい」（手塚富雄訳）

ファウストのこういう感慨を耳にしたとき、ふつうの人はどう思うのだろう。別に何も感じないのだろうか。いっさいを知ろうとしているファウスト博士を神をも怖れぬ傲慢な人物だと思うのだろうか。

あるいは、こういうセリフを吐く人物を、精神を病んでいるとでも思うのだろうか。ファウスト博士のように世界のいっさいを知りたいという欲望を、多くの人は本当に持っていないのだろうか、多くの金銭を得たいという欲望よりも。

ヨハン・ヴォルフガング・ゲーテは一七四九年にフランクフルトに生まれ、一八三二年に没した。彼は法学、詩学の勉強をし、乗馬と剣術に親しみ、フランス語、イタリア語、英語を流暢《りゅうちょう》に話し、さらにラテン語、ギリシア語、ヘブライ語をものにし、今でも歌われている「野薔薇」などの詩をたくさん書き、小説を書き、戯曲を書き、自然科学の研究をして『色彩論』や『植物変態論』を著し、三十歳のときにはヴァイマール公国の大臣となった。

それほど多岐にわたる分野において活躍したゲーテを現代人は自分とはまったく別種の巨人とみなすかもしれない。では、十八世紀の哲学者イマヌエル・カントはどうだろう。カントはゲーテよりも一世代早く、一七二四年に生まれ一八〇四年に没している。

カントの著作は『純粋理性批判』がひときわ有名だが、彼は哲学ばかりを専門にやっていた大学教授ではなかった。著作のほんの一部を見ただけでも次のように多くの分野にまたがっている。

『地球の回転軸の変化』『天体の一般的な自然史と理論』『火に関する考察』『地震原因論』『物理的単子論』『自然地理学講義』『楽天主義についての試論』『神の存在証明論拠』『脳の疾病に関する試論』『視霊者の夢』『感性界および叡智界の形式と原理について』『たんなる理性の限界内の宗教』『根本の悪について』『道徳形而上学』『永久平和のために』。

さらに美学、政治哲学、歴史哲学、宗教哲学、法哲学、倫理学、人間学、認識論について講義をしたり著述をしたりしている。要するに、カントもまたこの世界のいっさいを知りたがっていたのだ。

カントに『純粋理性批判』を書くきっかけを与えた『人性論』の著者デイビッド・ヒューム（1711〜1776）もまた、哲学ばかりではなく歴史、政治経済にも該博《がいはく》で、実務としては国務大臣次官を務めていた。

同時代のロシアにはミハイル・ロモノーソフ（1711〜1765）という博学者がいた。彼は子供のときから漁師の父を手伝い、そのかたわら借りた本で独学し、やっと十九歳になってからモスクワのアカデミーに入った。やがてドイツ留学をし、サンクトペテルブルクで化学教授となり、のちには学長となり、モスクワ大学の前身を設立する。

ロモノーソフはロシア初のロシア語文法書を著し、ロシア史を書き、モザイク画を描き、北極海航路と金星の大気を発見し、詩人としても有名であった。

彼らよりも約半世紀前のハノーファーにはゴットフリート・ライプニッツ（1646〜1716）がいた。ライプニッツの名は微積分の発明や二進法の研究で知られていることから数学の専門家だと思われていることが多いだろうが、哲学の分野でも著書『モナド論』が有名だ。その他に彼は神学、東洋哲学、政治学、物理学、法学、歴史学、経済学においても卓越していた。

フランスにはブレーズ・パスカル（1623〜1662）がいた。彼の名前は現代でも気圧の単位ヘクトパスカルとして残っている。もちろん、パスカルの定理は誰もが学校で習うものであり、彼はまた著名なフレーズ「人間は考える葦《あし》である」で有名な哲学書『パンセ』を残している。十九歳で歯車式計算機「パスカリーヌ」を製作し、確率論の創始者でもあり、同時に神学書を著し、実験物理学者でもあった。そして、この異才は三十九歳で死んだ。

古代ギリシアのアリストテレスから十九世紀頃までの有名な著作家はジェネラリスト、すなわち多くの分野に横断する広範な関心と知識を備え、共通言語としてのラテン語で書物を著すことのできた「総合知識人」である場合が少なくなかった。

ところが、十九世紀以降からは現代にいたるまで、学者や知識人はそれぞれ一分野における スペシャリスト、すなわち「専門家」である場合が多くなってきたのである。彼らの論文もラテン語ではなく各国語で書かれるようになった。

そういった現代の専門家である学者がたとえば在野の著作者や知識人をジェネラリストと呼ぶことがあるが、たいがいの場合それは蔑称のニュアンスを含んでいる。つまり、範囲は広いけれど徹底されていない確度の低い中途半端な知識だけをふりまわしているという意味なのだ。

神話学と人間の生き方を結びつけてめざましい功績を遺《のこ》した二十世紀の学者ジョーゼフ・キャンベルは自身をジェネラリストと称している。そのうえで彼はこのように述べている。

「私たちが学校で学んでいるのは生活の知恵ではありません。私たちはテクノロジーを学んでいます。情報を得ています。奇妙なことに、学者たちは彼らの主題にどれだけ生活面での価値があるかを明らかにしたがらない。現代の科学―それは文化人類学、言語学、宗教研究なども含んでいますが―そこには専門分化の傾向があります」(飛田茂雄訳)

現代では、商品や商法に限らず、知性も特化されるきらいがある。そして、ある分野の知について専門家であることが学者としての商売道具となるわけだ。専門家はその専門の事柄とそれ以外のことを関連づけようとはしない。彼は研究費をもらいながら、専門という細く深く掘った穴の中で漫然と暮らすのである。

穴の外の明るい地表にいるのはジェネラリストたちだ。彼らは世界を知りたいという好奇心のおもむくままに歩き回り、あちこちのさまざまな知識を結びつける。そして、そこから生まれてくる知性をどうにかして人が生きることに応用できないものかと探るのだ。ジョーゼフ・キャンベルはもちろん、あの博学者たちもジェネラリストである。

一方、専門家は何かを明らかにするために努力しているように見える。明らかになるのはしかし、物事の仕組み、あるいは物事を一観点から見た限りの構造である。

たとえば、ある組成の薬がある病気に効くということをスペシャリストは見出す。ところが、なぜその病気に効果があるかということはわからないのだ。同じように、なぜ飛行機が空を飛べるかということもまだわかってはいない。

専門家たちが見出すことができるものは、知識と論理がとらえうる限りのものだ。それを言い換えれば、言葉で表現できるものしかとらえることができない。わたしたちはなんでも言葉で言い表わすことができるかのように錯覚しているが、言葉で説明できるものはそんなに多くはない。

なぜならば、言葉は文法に沿って順番通りに語を並べなければ意味を伝えることができないし、いくら言葉を尽くしたところで、指示するものの一部をも的確に表わせないからだ。ドビュッシーの曲「月光」の美しさを言葉で説明することは不可能だ。

にもかかわらず、わたしたちは「月光」の美しさを感じることができる。なぜならば、それを聴いて感動した経験があるからだ。性の神秘的快感も同じだ。そういうふうに、経験があって初めて理解し体感されるものはこの世界に溢《あふ》れている。

その領域へ、残念ながら専門家的な知性は踏みこめないのである。要するに、知性は表現として言語にたよることしかできないため、事実や物事の一面を説明できるだけで、人間の生そのものを説明できないのである。だから表現においては、芸術のほうが専門家的な知性よりもずっと高い場所にあるということができる。

勉強とは冒険。そこにジェネラルな知が生まれる

さて、十六世紀頃に生きていたという錬金術師ファウスト博士ではなく、十九世紀のゲ

ーテの戯曲『ファウスト』に出てくるファウスト博士はあらゆる学問に通じたものの世界のいっさいを知ることなどできなかった。これは彼の知性の挫折だった。そこでファウスト博士は悪魔のメフィストフェレスと契約して、青年に変身する。

そしてもう一度人生をやりなおし、恋愛をしたり、決闘をしたり、皇帝に仕えて戦争を勝利に導き、はては海を埋め立てるという大事業に取り組む。その結果、最愛の相手とその子供を死なせ、さらに多くの人を死なせたり失望に陥《おちい》らせる。最後は失明し、悪魔に魂を奪われそうになる瞬間、かつて愛しあった女性の霊によって魂を天へと引き上げられるのだった。

戯曲で展開されるファウストの生涯は悲劇の形式を持ってはいるものの、一人間の生涯としてはまっとうされている。なぜならば、**人生も世界も知性のみで処理されるべきものではないと悟り、みずから体感するものだ**という次元へと上がることができたし、意気揚々とした人間として自分に限界を感じたり臆したりすることなく果敢にさまざまな冒険に挑《いど》み続けたからだ。

現代人はこういうファウストとは逆の生き方をしている。用意された教育システムの中で必要事項を必要な分だけ暗記し、知識を次の社会的段階へと進むためのツールとして利用し、高い賃金と安全と保護を要求し、狡猾《こうかつ》さを知恵だと思い、卑《いや》しい欲望の一滴を淫靡《いんび》な場所でひっそりと味わい、株や年金の計算をしながら老化と死を怖れている。その生き方は、地中に棲《す》む虫のようだ。

　地中に棲む虫と形容したのは、自分の周囲のみを主な関心事として生きているからだ。そういう生き方には鳥瞰がない。考え方の飛翔も行動の冒険もない。手元の小さな事柄を追うだけのスペシャリストになることはできるが、飛び回って時空間を自由に行き来することをしないからジェネラリストになることはできない。

　わたしたちそれぞれの勉強の場合も同じだ。何かに役立てようとして勉強するならば、それは苦役《くえき》と同じものになる。

　しかし、勉強の途中からでもいいから、自分の内側と合致する好奇心につられるまま勉強の深さと範囲を広げていくならば、**勉強は冒険と同じ質のワクワク感をもたらし、そうして得られたジェネラルな知を自分だけではなく多くの人の生き方に応用できるものにしていくことができるようになる**のだ。

第5章

今、何を学ぶべきか

哲学思想と宗教を

外国語の学習は必要と文化から

なぜ学びたいのか

外国語を知りたい、外国語ができるようになりたいという人は少なくない。そのような人たちの動機は何なのだろうか。あるいは、彼らは自分が心底から何を求めているか知っているのだろうか。

自分が好む外国人と酒場で他愛のない話をして楽しみたいのか。今まで知らなかった体臭の相手とセックスをしてみたいのだろうか。国際人として世界で活躍したいのか。あるいは何か奇妙な妄想に駆られているだけなのか。

わたしは日本でも外国でも外国語学校で学んだことがあるが、その経験から言えばクラスの九割以上の生徒は遅かれ早かれ脱落して消える。順調にパスし続け、最後の試験まで達する人はごくわずかしかいない。

当時、わたしは落伍する生徒たちを怠惰だと思っていたが、今ではちがう理由があったのだろうと推察する。つまり、いつしか消えていく生徒たちというのは外国語を学ぶ理由や動機がずいぶんと希薄だったのではないだろうかと考えている。

たとえば、スパイやテロリストたちが他国に潜入して任務を遂行しなければならないならば、彼らはその外国語習得に熱心なはずなのだ。なぜならば、必要にせまられているからだ。商社マンが派遣先の国の言葉を速習できるのも必要にせまられているからだ。

学者や文筆業の人も事情は同じようなものだ。加藤周一《かとうしゅういち》氏は『頭の回転をよくする読書術』でこう述べている。

「私は英独語を話すようになると同時に、かなり早く読めるようにもなりました。これは、いわば偶然の結果で、私にその必要が生じたからです。しかし英独仏語を話す必要が生じる前に、つまり私が日本のなかで暮らして、ほとんど一人の外国人とも接触をもたなかったときに、どうしても、その内容を知らなければならない必要があったので、なんとか外国語の本を読みこなせるようになりました。私は外国語を覚えようとしていたのではなく、その外国語で書かれた本の内容をどうしても知ろうとしていたのです」

必要だから知らなければならないものは、わざわざ暗記に努めなくても必要だからこそすぐに覚えられるし、身につく。それは仕事の手順も外国語も同じことだ。

そういう人たちと、なんとなく外国語を身につけたいと思って駅前にある外国語会話学校に週二回通う人たちはまったく別の次元に生きている。

後者は外国人と気軽にお喋《しゃべ》りできるようになりたいというのが第一目的なのだ。前者は外国語を道具として使おうと思っているだけで、第一目的ではない。

また、小遣い程度の金額で通勤の途中で気軽に通えるような外国語会話学校で外国語を覚えようとする人たちの多くは、なぜかその外国語が使われている国の文化や歴史や地理などについてほぼ関心がないか、知識が異様なほど少ない。

それなのに漠然とした憧《あこが》れを持ち、その外国語を片言でも話すのをお洒落《しゃれ》だと思っているような不思議な人々だ。いや実は、外国語会話を習うのは彼らの現実逃避の一方法なのかもしれない。その逃避姿勢はしかし、もし外国に住むことができたとしてもいずれは別の形で露見してくるだろう。

片言でもいいからその言葉を知っている

あまり頑張らずに外国語を身につけられる人には共通するものがある。一つは、その外国語をあらためて勉強する前からその外国語の単語や短文の数十から数百をカタカナであっても発音が多少まちがっていても、すでに知っているということだ。

つまり、その外国語圏の文化などに以前から興味があり、ふだんから関連の文献や資料をたくさん読んだり、好んで関係メディアに触れているからそうなるわけだ。したがって、その外国語の単語や短文や言い回しを覚えているのはごく自然なことなのだ。

もちろん、その国の音楽や政治もある程度知っているからこそ、その外国語圏のことをもっと深く知りたくなり、その手立ての一つとして外国語を勉強することになる。

これは実利のための、必要にせまられての道具、あるいは通路としての外国語なのだ。国際人になるためなどといった限りなく曖昧《あいまい》で抽象的な動機などはそこにはかけらもない。自分にとってはっきりとした具体的な動機があるから、外国語を学んでも途中で投げ出したりしないのだ。

ところで、外国語を知っているからといって何か特別なことを知りうるようになる、といったことはほぼありえない。もちろん、外国語の表現の微妙なニュアンスを感知できるようにはなるが、それは芸術家や、翻訳や比較言語の仕事をしている人ではない限り、とても重要なことではないだろう。

ある程度の外国語習得のレベルに達し、さらなる勉強や仕事のためにその外国で住む機会を得たとしても、世界のどこの人々も同じようなことに悩み、似たような愚痴《ぐち》を言い、生きることにあくせくしているということが再確認できるだけだ。もちろん、そういうふうにみんなが似ているからこそ、異国の芸術作品などが理解できるわけだが。

外国語がわからなくてもそれほどハンディキャップにはならない。外国語を覚える機会がなかったとしても、外国のおおかたのことはすでに翻訳されたもので充分に理解できるからだ。現代の翻訳文献の質はそれほど高い。

ただし一点だけ粗末なものがある。それは映画の字幕だ。あまりにもセリフの文章やニュアンスをはしょりすぎている。もしセリフを全部翻訳した映画があれば外国語習得の材料として使えるだろう。

教材は何を使うか

外国語習得に費用と時間をかけてもいいというのなら、語学教授の資格を持った先生から朝から夕方までぶっ通しでマンツーマンの授業をじっくりと受けられる外資系の語学学校に半年以上通えばよい。半年分の授業料だけで一般会社員の年収以上の金額にはなるが、速習には適している。

それとは逆に費用と時間の節約をしながら外国語を覚えたいというのなら、教育テレビの番組が役立つ。ネイティヴのスピードではないけれど、また質疑応答もできないが、基礎を学ぶには上質な番組になっている。

一般に売られている外国語学習用の教材のよしあしが自分の学習速度に大きな影響を与えることはほとんどないだろう。どんな教材でも大差はないはずだ。さきほどから述べてきたように、自分が本当に外国語を学ぶ必要にせまられているかどうかという度合いだけがキーポイントになる。

その場合であっても、まずは自分が母国語に習熟していなければならない。日本語であればその言い回しや表現のすぐれていない人が、外国語の言い回しや表現なら身につくといったような不思議なことはとうてい起きるはずもないからだ。

これを言い換えると、**外国語の学習の基礎をつくるのは母国語の豊かな読書量**だということになる。外国語理解の第一歩はそこにある。

ラテン語を学んでおく

なお、自分が主に学びたい外国語の他に、ほんの少しでいいからラテン語を齧《かじ》っておいたほうがいい。というのも、西洋系の多くの外国語のスペルはラテン語から派生してきたものがたくさんあるからだ。

医学用語、性的用語のほとんどがラテン語そのものだ。わたしたちがふだん気にもせず使っている言葉にもラテン語から派生したものがたくさんある。ウィルス、ヒューマン、エラー、アクア、パン、ワイン、エゴ、ファクト、アドリブ、ペルソナ、アドホック、アモール、&……。りそな銀行のリソナはラテン語そのものだ。また、サッカーチームの名称はラテン語のものが多い。

車の名称もラテン語が少なくない。プリウスは先駆けという意味だし、アウディは聞けという意味だ。そこから、オーディオという英語が聴覚についての言葉だということが簡単に類推できる。こういうふうに、毎日わたしたちはラテン語を目にしているのだ。

今の例でもわかるようにラテン語をほんの少し知っていることで、勉強したことのない外国語のスペルを目にしただけで意味内容の一部が推測できることになる。これはふだんの勉強の際にもとても便利だし、旅先でも役立つ知識になる。

独学する力について

気力を鍛える。そのための手っ取り早い方法

ここでいう独学する力とは、基礎学力や理解力のことではない。そのようなものは独学していているうちにいくらでも身についてくる。

独学の最初にどうしても必要となるものは物理的な力、筋力だ。積極的な気力を生み出す筋肉が充分でなければ、勉強などできるものではない。

そのために必要なものはまともな食事、栄養、運動、睡眠などだ。それらが満たされていなければ、勉強のためのヤル気さえ出てくるものではない。疲れたときには、本を読んでも、映画を観てもほぼ理解できないという経験からも明らかなことだ。

特に運動は意志力に影響する。ためしに、日に腹筋五〇回以上、腕立て伏せ五〇回以上、正しい姿勢でのスクワット二〇回以上という初歩的なトレーニングを二週間続けてみ

ればいい。気力がとても高く強くなっていることを実感できる。**気力は体力にともなっているから**だ。

古代ギリシアのプラトンにしてもレスリングの選手だった。彼の師ソクラテスは従軍しているし、近代のニーチェにしても志願して普仏戦争の戦場に赴いている。ゲーテの精力には瞠目《どうもく》せざるをえないし、ヘミングウェイの荒々しいフィッシングは伝説的だ。ディケンズとプルーストとカポーティを除いて不健康は生産的ではないのだ。

体力があっても、強烈な悲しみ、焦慮、不安、恐怖が心にあれば独学は難しくなる。しかし、そういったものがあるのが人生だから避けることはできないのだが、逃げずに受けとめ、一つずつ自分の力と忍耐を使って克服していかなければならない。

つまり、**精神的にも肉体的にも強靱《きょうじん》でなければ、独学は困難なことになってしまう。**

一人きりの豊かな時間

個人的な見解だが、学校教育での成績がよかった人がまた独学のポテンシャルが高いとは限らないと思う。なぜならば、独学は一種の知的な追求であり、すでに用意されてある正答をあてることではないからだ。

いわゆる秀才の特徴は、何事にも正答があるという思い込みに満たされていることではないだろうか。だから、彼らは多くの試験や資格取得に有利だろう。彼らは既成のシステムに沿い応じていくことに長《た》けているからだ。したがって、組織に仕える人材、従業員としてはとても有能なのだろう。

独学するということは、そういった**世間で通用している事柄の枠の外に立つ**ことだ。世間の外側に立つことが目的なのではなく、独学をすると結局は世間の外に立たざるをえなくなるからだ。

なぜならば、独学するためにはこれまでの生活を変えてしまわなければならないからだ。友人知己《ちき》と交際する時間は極端に減るだろう。その分、一人きりでいる時間がとても多くなる。だが、この状態は世の中から拒絶されたという意味での孤独ではない。

なにしろ、一人でいる間は自分のもっとも興味ある事柄に没頭しているからだ。また、書物を通じて古今東西の人々とかまびすしく議論をしている。そういう意味で独学する人の頭の中はとてもにぎやかなものだし、自分を少しも孤独だとは感じていないものなのだ。むしろ、大勢といる人よりもずっと豊かなのだ。

独学が不安な人へ贈る言葉

それでもなお今までの生活を続けながら、その合間にちょっとずつでも独学したいという註文をするのなら、独学する力はゼロにひとしい。なぜならば、物事の道理さえわからないからだ。

ヴィトゲンシュタインの一文を引用した箇所（2章）ですでに書いたが、ある何かを手がけるということは他のことを手がけないということだ。すべてを手がけたり、すべてを手中にすることは誰にもできない。レストランですべての料理を註文して、そのすべての料理を食べきることができないのと同じだ。

あるいは、独学する生活に向かうことを不安に思っている人もいるだろう。そういう人に対しては、ヘルマン・ヘッセの短い小説『クラインとヴァーグナー』に書かれている次の言葉を贈っておきたいと思う。

「実際は、人びとが不安をいだいていることは、たったひとつあるだけなのだ。すなわち、身を投ずること、未知のもののなかへ足をふみ入れること、ありとあらゆる保証された安全地帯をほんのすこしでも踏みこえることなのだ。一度、たった一度だけでもみずからを放棄した者は、一度でも偉大な信頼をはたらかせ、みずからを運命の手にゆだねた者は、不安から解放される。かれは、もはや地上の法則にしたがうのではない。かれは、宇宙に落下し、星たちとともに輪舞を踊るのである」（『ヘッセの言葉』前田敬作・岩橋保訳編）

観察から生まれる洞察力

洞察力がなければ知識にも知恵にもならない

知識や知恵のたぐいは書物を中心にした勉強からのみ生まれるわけではない。ふだんの生活における注意深い観察からも容易に知識の数々が得られるし、知恵も生まれてくる。そして同時に鋭い洞察力も身につく。

というか、もし洞察力がなければ、観察したことは知識にも知恵にもならない。そして**洞察とは、観察した事柄の間に、また自分との間にどのようなつながりがあるかを演繹《えんえき》的な思考抜きで見抜くこと**である。

たとえば、アートマンと名づけた犬を飼っていたショウペンハウアーは、動物の観察によって次のような洞察に達している。

「動物はわれわれよりもずっと、現実の世界に生きることだけに満足している。……動物はわれわれ人間と比べて、ある意味で本当に賢いと言えるのである。すなわち、安らかでくもりのない現実の享受という点である。動物は肉体を得た現実である。その明らかな情緒の安定は、思考と不安によってしばしば動揺し、不満を抱きがちなわれわれのありさまを恥じ入らせるのに一役買っている。……われわれがペットに対して抱く喜びは、まさにこの動物特有の現実への完全な埋没によるところが大きい。ペットたちは擬人化された現実であり、われわれに屈託のない、くもりのない時間の価値を感じさせてくれる」（河井眞樹子訳）

　つまり、犬や猫などのペットはかわいいから人を癒《いや》すのではなく、今のみを生きる満足を具現化させてくれることによって人に癒しと教えを与えてくれるということだ。これを裏返せば、多くの人は今を十全に生きることなく、想像や期待や後悔にとらわれて苦しんでいるということである。

　ショウペンハウアーのこの観察の視線はもちろん動物にだけ向けられているわけではない。人間にも同じだけの視線が向けられている。だからこそ、この観察眼から右のような洞察が生まれたのである。

　洞察は特別なものではない。証拠や痕跡から犯人を推察する刑事警察の仕事はもちろん洞察に負っている。本を読んでそこから深い読みとりができるのも洞察である。事態がどう動いていくのか予想する力も洞察である。観察と洞察はわたしたちが生きていくうえには欠かせないことなのだ。

ところが、現代は各人がいちいち洞察しなくてもすむような利便性のある機器やシステムがある。わたしたちはそれがあたりまえのことだと思いこんで利用し、自分であらためて考えてみたり、観察によって洞察をまったく働かせることをしなくなっているのではないか。

その結果が、物事への対処はすべて手順やノウハウだとする生き方だ。セックスから就職の仕方、老後の生き方まで、人生のほぼすべての事柄についての既成のノウハウが用意されている。

そういう中で、人はいったいどのようにして自分の人生を生きるのだろう。生きるのではなく、ただそこには退屈な手順があるだけではないか。その段階にいたれば、世界全体が仕組みも全容も見えないブラックボックスにしか感じられなくなる。現代の全体的な閉塞感はそういう感覚からも湧いているのではないだろうか。

こういう状況を憂慮して、エーリッヒ・フロムはすでに一九七〇年代に『よりよく生きるということ』の中でこのように書いている。

「原始人は、近代的な意味での教育、すなわち教育機関において相当量の時間を費やすという意味での教育を、ほとんどまったく受けていない。観察し、そこから学習するということを、原始人はいやおうなく強いられている。天気や動物の行動や他の人間の行動を観察しなければならない。原始人の生活・生命は、特定の技能を獲得するかどうかにかかっている。そして、その獲得は、自分自身の行動と行為によってなされるのであり、〝二十のクイック・レッスン〟を受ければそれですむというものではない」

「われわれの教育は、思考の向上や能動的想像力の発達に役立っていないのだ。

今日の平均的な人間は、自分ひとりで考えるということをほとんどまったくしない。学校やマスメディアによって提示されたデータを憶《おぼ》えるだけである。自分自身の観察や思考によって知るべきことを、実際には何も知らない。モノを使うのに、思考や技能がさほど必要とされないのである」（堀江宗正訳）

すでに便利なものに囲まれてしまったわたしたちはもはや原始人の感性に立ち戻ること

はできない。だからといって、自分からの積極的な観察によって洞察の眼で見抜いていくチャンスを捨てていいことにはならないだろう。

むしろ、自分の生の実感を取り戻すためにも、ありきたりの既成の世界観や人生観を捨てて自分にとって意味ある世界と人生を見るためにも、**独学を通じて、あるいは仕事や生活を通じて自分の観察眼を鋭くし、いきいきとした洞察を生むような新しい自分を日々にわたって創造していくべき**ではないのだろうか。

留学生の勉強

わたしのドイツ留学

もちろん、留学生の勉強といった一般的なものなどありえるはずもない。どの国に留学するかでもちがうし、大学や学科によってもちがうはずだからだ。だから、ここには編集部から求められるまま、自分の体験のごく一部を参考に記しておくしかない。

ドイツのゲーテ協会の語学学校の二校で春から夏の四カ月を過ごし、それからベルリンに移ってベルリン自由大学の入学試験に落ちて帰国するはずだったが、引っかかってしまったのでとりあえず入学した。しかも哲学部だった。正確には古典文献学部である。

専門の科目の授業を受けるほかに、語学の授業にも出なければならなかった。その語学とは、古代ヘブライ語、古代ラテン語、古代ギリシア語、中世ドイツ語である。一回の授業でテキスト一〇頁から二〇頁を読んでいく速習である。

一回の授業で一人三回から四回は否応《いやおう》なくあてられる。だから、夜の九時半に授業が終わり、すぐに自室に戻って次の週のための予習をしなければ間に合わない。これだけでも、日本の大学とはかなりちがうことがわかるだろう。

しかし、その程度のハードさはドイツの大学ではあたりまえのことだった。たとえば、ダーレムの森の中にある東アジア研究所で日本語を学ぶドイツ人は日本語だけを学ぶのではない。同時に北京語《ペキン》、広東語《カントン》まで学ぶ。そして、それをやり遂げるのだ。もちろん全学生ではない。挫折する学生も少なくはない。

専門科目の単位一個を取得するのは容易ではない。自分の研究テーマについて論文を書いて配布し、その内容を教壇に立って一時間ほど解説する。さらに、その合間に他の学生や教授から飛んでくる鋭い質問に充分に答えなければならない。そしてようやく単位が与えられるのだ。実際には教授の評価が記された一枚の小さな証明書である。

そういう厳しい授業を受けていれば、当然のことながら調査、分析、執筆、説得の力がつくようになる。その力はもちろん社会に出てからも役立つことになる。

それにしても、パソコンとインターネットが普及していなかった一九八〇年代の資料探しは一苦労だった。書店は充実していたが、書籍が高価であるため多くの学生は図書館を利用するのがふつうだった。日本の新聞まで揃っているためによく利用していたベルリン州立図書館では百数十年前の論文をマイクロフィルムで読めるほど資料の管理がよかった。

わたしが知っている限りでは、ドイツの大学は日本人が抱いている大学の概念とはまるで異なる。十八歳で入学して親の仕送りで勉強している学生は少ないほうだ。だいたいの学生が自力で生活して大学の授業を受けている。たとえば、長い夏休みの間に工場で働いたり、一年間働いて蓄《たくわ》えができたら次の年は大学に通うという場合もある。

だから、学位取得が三十歳だったり四十歳というのがまったくふつうだ。もっと年上の学生もめずらしくない。あるいはまた、すでに医学博士なのに、別の文系の学位取得を目指して勉強する人もいる。軍務を終えてから大学に入る人もいる。こういう自由さが可能なのは、ドイツでは大学の授業料が無料だからだ。費用は、自分の生活費と保険代と書籍代だけだ。

その自由さのためにいつまでたっても学籍を置いたままの人もいる。学生証明書があれば保険代が安くなることや、多くの交通機関で学割がきくことを利用するだけの狡猾《こうかつ》な人もいる。また、そうしたいがために大学に入りたがる外国人もいる。

工場などで働くのを億劫《おっくう》がったわたしはアルバイトとして映画やテレビのエキストラをしていた。日払いの安易なアルバイトのつもりだったが、やがてセリフを喋《しゃべ》らなければならなくなり、映画のクレジットに名前が出るようになった。すると、ドイツ政府から俳優年金を支払うよう命じる書類が届いた。


わたしは自分がしたいことをしていないと気づいて、そのときから仕事を辞《や》めた。セリフを口にしたり演技をすることは苦痛ではなかったが、朝にスタジオ入りしてメイクをしたままずっと夕方まで出番を待つのは耐えがたかった。それにわたしには俳優に必要なナルシズムの傾向はなかった。

ナルシストではなかったが、わたしは若いなりに傲慢《ごうまん》ではあった。そこで、自分は外国人ではあるが文章感覚においてはすぐれているはずだという自負心が巣くっていて、長い夏休みにドイツ語でいくつかの短篇小説を書き始めた。

さらにはそれを教授に読んでもらった。若かったからわたしは多くの運を持っていたのだろう、教授はこれを出版してみないかと持ちかけてきた。しかし、わたしはその場で断った。断った理由は、それがわたし個人の本ではなく、他の外国人作家とのアンソロジーだったからだ。この傲慢さ。わたしは鼻持ちならない若僧だったのだ。

外国で暮らしていると、夢の中でも外国語で話す割りあいが多くなる。そして日本がはるか遠くに感じられ、実際に日本の情報にも疎《うと》くなる。そこで日本食レストランから数カ月前に発行された日本の週刊誌をもらってきて読みふけったりするのだが、それをすると途中から必ず頭痛に襲われた。

なぜ頭痛がするかはわからないのだが、州立図書館から日本の小説を借りてきて読むと、今度は頭痛が起こらず、冷たい水を飲んだときのような清涼感を覚えた。それを与えてくれたのが小川国夫《おがわくにお》と丸山健二《まるやまけんじ》の小説群だった。おそらく、端正な文章というものを脳が求めていたのだろう。

帰国後の半年は言語コミュニケーションがうまくできなかった。相手の日本語はだいたい理解できるのだが、まともな日本語で返せなかった。頭はドイツ語で考えるし、物の名称はドイツ語でしか出てこなかった。とっさに返事をするときはすべてドイツ語になる。このときにようやく実感した。ベルリン自由大学はわたしのドイツ語力の証明書を発行してくれたのだが、その有効期間は半年だったのだ。

わたしは、留学を何か輝かしいことの一つだとは思っていない。留学は覚悟もなく放り込まれた人生と同じで、多くの危険に満ちた冒険だろうと思う。しかも異国で孤独であり、不如意《ふにょい》なものだ。それでもなお耐えつつ少しずつ進まなければならない。

おそらく、まじめに勉強しようと志す実直で若い人ほどそれを強く感じるのではないかと思う。もちろん、実験やフィールドワークが必要のない文系の私費留学生に限ってのことだが。

にわか勉強法

三日間、合計九時間の速習法

ある事柄についてその要点を理解し、他の人々にもわかるよう伝えなければならない。しかし、準備時間は限られていて少ない。どうにか三日間の余裕はあるが、その準備に使える時間は実質的に一日に三時間程度で、全体として九時間あるかどうかだ。こういうときには即席のにわか勉強でまにあわせるしかない。

そこですぐにパソコンに向かい、ネットでウィキペディアを開いたり、その事柄についての資料を検索するのはかえって時間を浪費することになる可能性が高いだろう。というのも、ネット情報を渉猟《しょうりょう》するのは膨大なチラシの山から参考書類を探しあてることに近いからだ。しかも、それが正確なものかどうかは疑わしいのだ。

時間の余裕がないのだから、無駄なことはできない。だったら、まず**百科事典**にあたったほうが手っ取り早い。図書館に行けば数種類の百科事典が置いてあるから、調べなければならない事柄を記載した頁を全部コピーする。しかも、少なくとも三種類以上のくわしい百科事典の記事をだ。

それで総計十数頁から二十数頁になるだろう。そのうちのもっとも少ない記事からじっくりと読み、要諦部分と思われる箇所に傍線を引く。頻繁に出る用語は線で囲んでおく。たったこれだけで、その事柄についてのおおまかなことは概観できるようになる。

次は書店に行って、頁をめくらず背のタイトルだけを目で追ってその事柄について書いてあると思われる**新書を三冊から五冊ほど買う**。複数の新書を買うのは内容のハズレがあるのを見越すからだ。ここまでで二時間から三時間は費やすだろう。

単行本書籍ではなく新書を選ぶのは一般人向けにわかりやすく書かれていることが多いからだ。かつ、総頁数も少なめだ。一方、マンガで説明されているような入門書は薦められない。偏向が少なくないし、編集プロダクションのライターが書いているために説明も充分とはいえず、簡単すぎるものが多いからだ。さらに、マンガであるために無駄な部分があまりにも多すぎる。

新書を五冊買ったら、その五冊の目次を開いて見比べる。そして、自分が調べたい事柄について的確に書かれていそうなものを二冊選ぶ。その際の基準は、目次だけで内容がおおまかにわかるような書き方がなされているものだ。

目次がうがったふうな文章だったり、妙に誘惑的で謎かけめいたような文章、あるいはまたエッセイ風の文章だったりしたら、その新書は現在では役立たないと判断したほうがいい。また、著者の肩書きは内容のわかりやすさとはまったく関係がないから無視をしてかまわない。

そして、その二冊を速読し始めるのだが、時間がないのだから冒頭から読む必要はさらさらない。自分が知りたいこと、知るべきことを目次から選んで、その章から読む。明瞭に理解できなかったら、もう一冊の同じ内容と思われる章を読む。すると、どっちを中心に読むべきかすぐにわかるだろう。

ただ読むのではなく、もちろん傍線と囲み線をほどこして読む。だが、読みながら傍線を引いてはいけない。これをやると傍線だらけになって収拾がつかなくなる。一節を読んでから、もしくは一章を読み終えてから、振り返って重要と思われる箇所に傍線をほどこす。

こうして必要な事柄に関する頁を読んでしまったら、あらためて先にコピーしておいた**百科事典の頁を読み直す**。すると、自分が速習しなければならなかった事柄が立体的に理解できるようになっていることに気づくだろう。

もしそうならなかったら、理解のために読まなければならない箇所がまだあるということだ。その場合は不足の箇所を探して読む。本当に理解のレベルに達していれば、百科事典のコピー頁がいかに要領よくまとめられているかということにも気づくはずだ。

これで終わりではない。自分の理解のためだけではなく他人にも説明しなければならないのだから、**用語を整理**しておく必要がある。その事柄についてどうしても必要な用語の数はせいぜい五個程度だろうから、それら用語の内容を誰にでもわかるような言葉で書き直しておく。この作業は、自分が本当に理解しているかどうかの点検にもなる。

最後には、その事柄についての**説明を二種類書く**。一つは用語を使っての説明文十数行。もう一つは、用語を使わず、日常的な平易な表現に言い換えた説明文一〜二行である。

これは多くても三行、八〇字以内くらいでまとめる。なぜならば、初めて説明を受ける人がそのときに理解できるのはその程度だからである。この最後の作業は二時間くらいかけてもいいだろう。何度も書き直していると、そのうちベストな説明文に仕上がるからだ。

これが、所要時間約九時間、費用五千円程度ですむにわか勉強の仕方である。

今、何を学ぶのか

ほぼすべての事柄を知らざるをえないようになる

わたしたちは何を学べばいいのか。

この問いに対して、わたしは「お好きに何でもどうぞ」と返す。あるいはまた、「ほぼすべての事柄を」と真顔で答えるだろう。

すると、相手はたぶん困った顔になって、「そんな、すべてなんて無理です。ですから、どうしてもこれだけは必要だということに絞ってもらえませんか」と言うかもしれない。

それに対してわたしは、「あなたにとって必要なものが何かをどうしてわたしが知っているのでしょうか」と言うだろう。これに対して相手は、

「いいえ、たとえば、現代に生きる人間にとって学んでおくべきものというのがあるはずで

すから、その中の最重要なものだけでも……」

「あなたは最重要と言いましたが、重要性を決めているその基準は何でしょう」

「あのう、そんなことおっしゃらずに」

「では、やっぱり返事は同じです。ほぼすべての事柄を、ということです」

わたしは意地悪ではない。真摯《しんし》に答えている。

それでも相手が納得しないのはなぜか。その相手はわたしの返事の範囲を想定していたからだ。わたしが「そうですねえ、やはりこの時代は精神的な分野、宗教とかをまずは勉強しておいたほうがいいですねえ」とでも答えるのを期待していたのだ。

だとしたら、なぜわたしに訊《き》くのだろう。その人が自分の予想していた範囲内にある事柄を好きに勉強すればいいと思う。それとも、わたしにハンコでも押してもらいたいのだろうか。ハンコなら、認印から落款までたくさん持っている。

しかしまあ、問われた以上、わたしはその人のために具体的に答えなければならない。

それでもなお、返答は**「ほぼすべての事柄」**だ。

ほぼすべての事柄を勉強しろと返されて相手が困惑するのは、書店や図書館にあるような多くの分野のすべての本を想像するからだ。そんな時間などない、すべてはあまりにも難しすぎる、と思うのだろう。確かに図書館の本を片端から読む途中で人生は終わる。

わたしはそういう意味で、世にあるすべての事柄を勉強すべきだと言っているのではない。**一つの事柄を深く理解するよう努めているならば、そのうちにほぼすべての事柄を知らざるをえないようになる**という意味なのだ。

たとえば宗教の勉強を始めたとしても、その充分な理解のためには地理も歴史も政治も経済も哲学も科学も知らなければならなくなるということだ。そういう意味で何を勉強してもいっしょだ。いずれは広範囲の事柄を知る必要が出てくる。あるいは、そのレベルまで達さなければ勉強する甲斐がない。

たぶん、わたしに何を勉強すべきかと問う人は今のこの回答にも満足しないだろう。きっとその人は、次のような思惑で何を学ぶべきかと質問しているからだ。すなわち、現代理解のツボともなるような分野を教えてほしい。その分野の知識を仕入れて仕事などに役立てたい。大人の教養として、せめて何か一つの分野への造詣を深めてみたい。あるいは、何かを勉強して自分の生き方のプラスにしたい。

これらの思惑はよくわかる。勉強を通じて確実に何かを得たいのだ。何かを得て、自分の能力の一つとしたいのだ。こういう考え方というか一種の意欲は、資格を取得して専門職に就こうとする人と似ている。勉強のような一種の努力によって何かを得ることができると思っているからだ。

書店ではそういうふうにさまざまな意味での所有を求める人のための本がたくさん売れている。それだけ需要が多いのだ。シロウト向けの本もそうだ。料理本ならば、おいしい料理の手順がわかりやすく説明されている。その通りにすれば、おいしい一皿が得られる。多くの人が、安くて簡単に何か価値あるものを得ようとしているのだ。

それをさもしい根性だと言うのだとわたしが批判しても彼らは痛痒《つうよう》など少しも感じないだろう。けれども、何かを勉強すれば何かを得られると考えている人がいったんそれぞれの勉強を本当に始め、かつ続けていくならば、わたしはもはやそれをさもしいとは思わない。

なぜならば、勉強が進むうちにその人は変わり続けなければならなくなるからだ。たとえば、本当に料理の勉強をしようとするならば、学校時代に苦手だった化学や物理の勉強もしなければならなくなる。そうしなければ、基本となる調味料の順番がなぜ「さしすせそ」であるかもわからない。しかし、その理由がわかったとき、人は今までの自分から少しずつ離れ、変わるのだ。

関係機関に就職するための一手として司法試験に受かるための勉強をする人をわたしはさもしいと思う。しかし、合格することを突き抜けて法律とは何かということまで広げて勉強し続けるのならば、その人にわたしは拍手を送るだろう。その人はその勉強の過程で、当然ながらハンムラビ法典や聖書のレビ記まで読み、さらには価値や善悪についての哲学にまで触れなければならなくなる。

勉強がそこまで達した場合、その人はもはやかつてのその人ではなくなるしかない。それが教養であり、ソフィスティケイテッドなのである。

「教養」とは、高みに向かって変貌していくこと

教養という言葉の意味内容は一般的にはゆるく曖昧《あいまい》なままだ。大学に教養学部や教養課程というのがあるが、この場合と一般教養という言い方は基礎課程という意味でしかない。洗練された人格的ふるまいをする人を教養人と呼ぶ場合の教養とは意味がずいぶん異

なる。

教養というこの妙な言葉はそもそも翻訳語だ。もとはドイツ語のビルドゥングであろう。ビルドゥングはビルデンという動詞から来ている。建てる、造る、陶冶《とうや》する、養成する、形成する、という意味だ。

ゲーテの『ヴィルヘルム・マイスター』(『ヴィルヘルム・マイスターの修業時代』と『ヴィルヘルム・マイスターの遍歴時代』)という長篇小説はビルドゥングスロマーンと呼ばれ、日本語では「教養小説」と訳されている。いかにも退屈な感じの翻訳名称だが、その意味内容を汲《く》んで散文的に訳すならば、「経験を積んで自己変革していく小説」となる。

自分が高みに向かって変貌していくことが教養、ビルドゥングの本来の意味なのだ。

たんに何々のための勉強は決して教養とはならない。それは、目的を達するための手段だからだ。資格を取得してもその人物がたいしたことがないのは、教養という自己変革が欠けているからだ。

しかし資格の勉強を通じて多くの分野への広がりがあるような勉強をして自分が変わっていくならば、それこそ教養人の道を歩んでいることになるわけだ。実際、そういった勉強こそがいつまでもおもしろいのである。なぜならば、自分が変わることほどおもしろいことはないからだ。

人の行動の裏には、かならず哲学思想と宗教がひそんでいる

そのような意味で、何を勉強すべきかではなく、どこまで広く勉強するかがキーとなる。それでもなお、どういう勉強が現代人に必要なのかと問うならば、やはり宗教や哲学が基盤として重要だとわたしは考える。というのも、人の価値判断や倫理的行動の奥には必ず宗教や哲学がひそんでいるし、各人の世界観のバックボーンとなっているからだ。

とはいっても、多くの人が宗教書や哲学書を読んでその内容通りに自分の行動を決めているというわけではない。そうではなく、哲学思想やその基《もと》となる宗教の考え方が各時代の風潮の源泉となっていて、その風潮が世の中に蔓延《まんえん》して多くの人々の考え方と行動に影響を与えているということだ。そして多くの人々はそのことにまるで無自覚なのだ。

現代日本人の来世観はその典型ではないだろうか。今の多くの人は、死んだらその人はどこか霊界のような場所へ行くと本気で考えている。家に仏壇があり仏教の葬式を行なう

人でさえ、「祖父は天国で安らかにしていることでしょう」などと真顔で言うのである。仏教徒らしく極楽や浄土とは言わずに、よりによって天国だと言うのだ。

これはもちろん、アメリカ、そしてキリスト教プロテスタントからの影響だ。にもかかわらず、その多くの人たちはその来世観がキリスト教の影響だと微塵《みじん》も考えず、聖書も仏典も開いて通読したことすらないのである。それなのに、この世とは完全に隔絶した来世があるのだと想像している。いや、確信すらしている。だから、前世を信じたりできるし、完全なる逃避という目論見《もくろみ》の自殺が可能になるわけだ。

何をどのように考えるかといったことは一見わたしたちの自由裁量のように思われているが、実際にはそうではない。文化環境による価値観、その中にいる大多数の人の言葉、メディアでくり返される発言などから影響を受け、それらと同じ方向に傾いた考え方をしてしまうようになっている。したがって、「その時代の人々の考えは」という概括的な言い方が可能になるわけである。

人の生き方は明らかにその人の考え方と行動に左右される。であれば、各時代の哲学思想や宗教を知ることによって、わたしたちは各時代の人々の生き方の首根っこを押さえることができるのだ。それが、過去のどういう本を読むにしても理解の初歩的な前提になるはずであろう。

一見して宗教と関係のないような事象一つでも、その裏には思想と宗教がある。たとえば、共産主義だ。共産主義は唯物論だから宗教とはまったく無関係だとは言えない。マルクスの着想の根源はヘーゲルの『精神現象学』であり、その本はヘーゲル的に考えられたキリスト教的なファンタジックな世界観から来ているのだ。

もし現代のテロリズムについて勉強するにしても、昨今の頻発するテロ事件の思想背景を知るためにイスラム教の聖典であるコーランやムハンマドの言行録であるハディースはどうしても読まなければならない。

コーランを読むならば、その土台となっている旧約聖書を読む必要が出てくるし、イスラム教圏とキリスト教圏の主義主張のちがいを知るために、今度は両者の歴史ばかりかキリスト教体制の理論武装を支えたプラトンの思想をも勉強しなければならなくなる。

以上のような意味で、どういう勉強をするにしても宗教と哲学を知ると知らぬでは理解に大きな差が出てくるのだ。だとしたら、宗教と哲学の少なくとも基礎くらいは押さえておくべきものだと言えるだろう。

それと同時に、ふだんから幅広いジャンルの本を濫読《らんどく》する癖をつけておくのがよいと思う。タキトゥスの『年代記』やヴィトゲンシュタインの『論理哲学論考』やブルガーコフの『巨匠とマルガリータ』やサックスの『妻を帽子とまちがえた男』やロビンソン・ジェファーズの詩集といったそれらの本がいかに自分の勉強や仕事と関係なく見えたとして、必ず役に立つときが来るからだ。

あるいはまた、読んでおきさえすれば発想力を自然と醸成してくれるし、行き詰まったときや窮地《きゆうち》に立ったときに読んだ本の一つの語句が自分を救ってくれるかもしれないからだ。書物はモノではない。生きていて、たっぷりと知性を与えてくれる人なのだ。それは生命を与えてくれることと同義なのである。

哲学と宗教について読んでおきたい書物

最初は一般の解説書程度でかまわない

自分の勉強を質的により深く広く見通しのよいものにしたいならば、多くの知の根源となっている哲学と宗教についても少しは勉強をしたり調査しておくほうがよいと思われる。また、そのほうが自分の勉強がいっそう興味深いものになる。

とはいっても、宗教は抹香《まっこう》臭い感じがするばかりか縁遠く理解しがたいものに思われるかもしれない。哲学はさらに難解で複雑に映るだろう。だから、どちらについても最初は一般の解説書を読んでおく程度でかまわない。それを読んでおくかどうかでもさまざまな事柄への理解が今までよりは深まるからだ。

哲学について読んで損をしない本

古代から現代までの哲学をざっと概観するだけならば、『哲学原典資料集』（東京大学出版会）が便利だ。個々の哲学者の中心思想の他に生き方まで知りたいというのならば、理想社の「ロロロ伝記叢書」や清水書院の「人と思想シリーズ」がベッドの上でも読みやすい。

個々の哲学書は自分の好みで選ぶしかないだろう。「人間は考える葦《あし》である」という有名なフレーズが入っているパスカルの『パンセ』は比較的読みやすい。「われ考える、ゆえに我あり」で有名なデカルトの『方法序説』も二時間程度で読めるほど薄い。もっと身近で少しも難しくなく、かつ現代人の生き方に指針を与えるようなものを求めているならば、ヴィクトール・フランクルやエーリッヒ・フロムの著作を開いてみて損はない。

宗教を知りたいならばこの本を読む

宗教の上っ面を撫《な》でるだけなら簡単な解説書ですむ。ニュース解説以上に理解しようとするならば解説書では不足だから、原典を開いてみるのがもっとも手っ取り早い。

●ユダヤ教・キリスト教

ユダヤ教やキリスト教を知りたいならば聖書(ここではまともな聖書のこと。ある特定の疑似宗教的宗派が独自に編纂した聖書のことではない)を読むしかない。聖書の全文書を通読するだけでもゆうに三カ月はかかる。

それほどの時間がとれないならば、創世記、出エジプト記、サムエル記、マタイによる福音書を読んでおけばいい。この中でもサムエル記がもっとも宗教臭くないばかりか、そこに展開されている愛欲、乱倫、権力欲、権謀術数、戦争の描写に啞然《あぜん》とするだろう。

●仏教

仏典の代表的な書は『ブッダのことば』(岩波文庫)だ。これがいわゆる経典の原点だからだ。仏教の思想も知りたいなら、『原始仏典』が参考になる。

一方、仏教の教義に関する学者の本はその学者の主張が強く、かえって混乱する可能性が高い。対談形式の『仏教教理問答』(サンガ)のほうが理解しやすい。仏教の悟りの内容を自分の体験から正直に示している仏教書ならば、栄西《えいさい》のものよりも道元《どうげん》が書いた『正法眼蔵《しょうぼうげんぞう》』の第一巻のほうがわかりやすい。

仏教の神髄ではなく、仏教の歴史やブッダの当時の教団の様子について知りたいというのならば、書店で類書をいくらでも見つけることができるし、『仏陀《ぶっだ》のいいたかったこと』（講談社学術文庫）などといった手軽でわかりやすい文庫本が助けになるだろう。

禅問答ならば、有名な『無門関《むもんかん》』や『禅語録《ぜんごろく》』は読んでおかなければならない。禅関係の書物は漢語が多用されているためとっつきにくいが、いったん読んでみれば理解はそれほど難しくない。むしろあっけないし、頓智《とんち》も豊富である。

●イスラム教

イスラム教については、最初はごく簡単な概説書（イスラム教徒やイスラム教学者ではない人が書いたもの）を読んでからコーランを読むほうがいい。コーランはさまざまな翻訳が出回っているし、付録の解説も参考になる。

さらに深くイスラム教徒の生活の源泉を知りたいのなら、第二の聖典と呼ばれているハディースが参考になる。これは七世紀当時のムハンマドの言行録であるが、のちのイスラム教徒たちが顎鬚《あごひげ》を生やすなどいかにムハンマドの真似《まね》をしているかがよくわかる資料である。

●宗教全体

個々の宗教ではなく、古今東西の神話も含めた宗教全体を見渡したいというのなら、比較宗教学的要素の多いジョーゼフ・キャンベルの一連の著作がおもしろくてわかりやすい。

哲学や宗教の本を読んで誤解しないために、それが書かれた当時の生活文化や経済がわかる資料も同時に見ておくべきだ。すると、理解が早く深くなっていくだろう。そのためには本を買わなければならない。当然ながらお金がかかる。けれども、高級なスーツ一着を誂《あつら》えるほどにはかからない。

勉強を楽しくさせる書物

歴史、宗教、哲学、英語……。おすすめしたい二〇冊

技術や仕事はある程度の苦しい訓練や鍛錬をへて身につく。そこには必ずなんらかの形での強制や責務がともなっているからだ。

しかし、みずから始める勉強にはその強制や責務がない。だから、自分の気持ちしだいで投げ出すこともできるし、実を結ぶまで続けることもできる。だったら楽しく続けられるほうがいいだろう。

次に掲《かか》げる図書はわたしの書斎にある書物のほんの一部だが、どれも興味深く、あるいは楽しんで読めるものばかりだ。息抜きに、あるいは自分の勉強の参考図書の一つとして頁を開いてみて損はないだろう。

▼現代に生きる人のための倫理と生き方の問題をあからさまに論じる
『モラルのある人は、そんなことはしない』 アクセル・カーン　林昌宏訳　トランスビュー

▼毎晩ベッドで読むのが楽しみになるほど読みやすい歴史書
『世界の歴史』 デュラント　壽岳文章監修　日本ブック・クラブ

▼一般人向けに書かれた人生論的哲学書
『意志と表象としての世界』 ショーペンハウアー　西尾幹二訳　中公クラシックス

▼英語のリスニングの助けとなる
『英語同音異義語辞典』 スティーヴン・N・ウィリアムズ　研究社

▼悟った人の考え方があっさりとわかる一冊
『東も西も・無について』 アントニー・デ・メロ　斎田靖子訳　エンデルレ書店

▼神話や宗教の意味を追求する
『時を超える神話』 ジョーゼフ・キャンベル　飛田茂雄訳　角川書店
『神話の力』 ジョーゼフ・キャンベル　飛田茂雄訳　早川書房

▼西欧中世についてのイメージを一変させる
『**中世ヨーロッパ生活誌**』オットー・ボルスト　永野藤夫他訳　白水社

▼戦争殺人についての生々しい心理ドキュメント
『**戦争における「人殺し」の心理学**』デーヴ・グロスマン　安原和見訳　ちくま学芸文庫

▼インテリジェンスの自在な考え方が展開される
『**心の仕組み**』スティーヴン・ピンカー　椋田直子訳　ちくま学芸文庫

▼人間をとことん洞察する
『**プロポ**』アラン　山崎庸一郎訳　みすず書房

▼モノの起源を知りながら世界の歴史がわかる
『**100のモノが語る世界の歴史**』ニール・マクレガー　東郷えりか訳　筑摩書房

▼文系でもわかりながら読める数式なしの物理学
『**ビッグクエスチョンズ　物理**』マイケル・ブルックス　久保尚子訳　ディスカヴァー・トゥエンティワン

▼哲学者の心理的振幅の激しい日々があからさまにわかる
『**ウィトゲンシュタイン哲学宗教日記**』イルゼ・ゾマヴィラ編　鬼界彰夫訳　講談社

▼驚かざるをえない公衆衛生の歴史
『**自由・平等・清潔　入浴の社会史**』ジュリア・クセルゴン　鹿島茂訳　河出書房新社

▼武士の流布したイメージを剝《は》ぎとる
『**戦場の精神史　武士道という幻影**』佐伯真一　NHKブックス

▼十九世紀の三人の文人の生き方を情熱的に描く
『**デーモンとの闘争**』シュテファン・ツヴァイク　今井寛他訳　みすず書房

▼カントに『純粋理性批判』を書く動機を与えた画期的な思考
『**人性論**』ヒューム　土岐邦夫他訳　中公クラシックス

▼ユダヤ教的生き方の理解のために
『**タルムード入門**』A・コーヘン　市川裕他訳　教文館

▼人生の諸問題に突き当たった人を助ける考え方
『**生きるということ**』エーリッヒ・フロム　佐野哲郎訳　紀伊國屋書店

切りとり線

★読者のみなさまにお願い

この本をお読みになって、どんな感想をお持ちでしょうか。祥伝社のホームページから書評をお送りいただけたら、ありがたく存じます。今後の企画の参考にさせていただきます。また、次ページの原稿用紙を切り取り、左記編集部まで郵送していただいても結構です。

お寄せいただいた「100字書評」は、ご了解のうえ新聞・雑誌などを通じて紹介させていただくこともあります。採用の場合は、特製図書カードを差しあげます。

なお、ご記入いただいたお名前、ご住所、ご連絡先等は、書評紹介の事前了解、謝礼のお届け以外の目的で利用することはありません。また、それらの情報を6カ月を超えて保管することもありません。

〒101―8701（お手紙は郵便番号だけで届きます）
祥伝社　書籍出版部　編集長　萩原貞臣
電話03（3265）1084
祥伝社ブックレビュー　http://www.shodensha.co.jp/bookreview/

◎本書の購買動機

＿＿＿＿新聞の広告を見て	＿＿＿＿誌の広告を見て	＿＿＿＿新聞の書評を見て	＿＿＿＿誌の書評を見て	書店で見かけて	知人のすすめで

◎今後、新刊情報等のパソコンメール配信を　　希望する　・　しない

◎Eメールアドレス

@

１００字書評

知性だけが武器である

住所

なまえ

年齢

職業

知性《ちせい》だけが武器《ぶき》である

「読《よ》む」から始《はじ》める大人《おとな》の勉強術《べんきょうじゅつ》

平成28年4月5日　初版第1刷発行

著　者　白《しら》取《とり》春《はる》彦《ひこ》

発行者　辻　浩明

発行所　祥《しょう》伝《でん》社《しゃ》

〒101-8701

東京都千代田区神田神保町3-3

☎03(3265)2081(販売部)

☎03(3265)1084(編集部)

☎03(3265)3622(業務部)

印　刷　堀内印刷

製　本　関川製本

ISBN978-4-396-61559-8 C0030

Printed in Japan

祥伝社のホームページ・http://www.shodensha.co.jp/

祥伝社のベストセラー

仕事に効く教養としての「世界史」

先人に学べ、そして歴史を自分の武器とせよ。京都大学「国際人のグローバル・リテラシー」歴史講義も受け持ったビジネスリーダー、待望の1冊！

出口治明

世界史で学べ！ 地政学

なぜ日米は太平洋上でぶつかったのか。
新聞ではわからない世界の歴史と国際情勢が、地政学の視点でスッキリ分かる

茂木 誠

世界から戦争がなくならない本当の理由

懲りない国、反省しない国はどこだ？ なぜ「過ち」を繰り返すのか？ 戦争の教訓を歴史に学ぶ

池上 彰